Hans-Peter Kolb

Daseinsanalyse in der Psychotherapie

Liebeserklärungen oder echte und unmittelbare Erfahrung von Liebe?

Hans-Peter Kolb

Daseinsanalyse in der Psychotherapie

Liebeserklärungen oder echte und unmittelbare Erfahrung von Liebe?

Bibliografische Information der Deutschen Nationalbibliothek:
Die Deutsche Nationalbibliothek verzeichnet diese Publikation in
der Deutschen Nationalbibliografie; detaillierte bibliografische
Daten sind im Internet über dnb.dnb.de abrufbar.

© 2017 Hans-Peter Kolb
2018 überarbeitete Fassung
Herstellung und Verlag:
BoD – Books on Demand, Norderstedt

ISBN: 9783744833318

Inhaltsverzeichnis

Vorwort

Nachdem ich mich in früheren Arbeiten aus einer mehr philosophischen Perspektive dem Thema der Daseinsanalyse und der Entwicklung unserer Liebesfähigkeit genähert habe, möchte ich das Ganze nun aus psychotherapeutischer Sicht betrachten. Welche praktische Bedeutung hat die von mir betriebene Daseinsanalyse für die psychotherapeutische Behandlung von Patienten und wie und wodurch kann die Liebesfähigkeit in der therapeutischen Situation bei Patient[1] und Therapeut gefördert werden und sich immer weiterentwickeln?

Auf den Ausdruck „Liebeserklärungen" im Untertitel bin ich aufgrund seiner Doppeldeutigkeit gekommen: zum einen soll erklärt werden, wie die eigene Liebesfähigkeit und die anderer in ihrer jeweiligen Entwicklung gefördert werden können, zum anderen sehe ich in dem Gedanken, dass jeder Mensch seine Liebesfähigkeit immer weiter entwickeln kann und sich immer wieder damit auseinandersetzt (er kann gar nicht anders), eine Liebeserklärung an alle Menschen, d.h. jeder Mensch ist allein schon deswegen liebenswert, weil er darauf ausgelegt ist, sich und andere immer mehr zu lieben, auch wenn er dies nicht unbedingt tut. Jedoch können Liebeserklärungen unecht sein, und wenn etwas erklärt wird, erreicht es den anderen nicht unmittelbar, es ist vermittelt durch die Sprache und daher zunächst und zumeist wirkungslos. Nur wenn etwas unmittelbar erfahren wird, ist es für den Betreffenden wirklich, und dazu darf er nicht einfach nur etwas aufnehmen und rezeptiv sein, sondern er oder sie muss aktiv werden, in diesem Sinne Subjekt

---

[1] Wenn ich hier nur die männliche Form verwende, so ist dies unseren Sprachgewohnheiten geschuldet und soll das Weibliche stets miteinschließen, falls nichts anderes aus dem Zusammenhang ersichtlich ist.

werden und sich bestimmten Prozessen aktiv unterwerfen (lat. sub-
iectum = das Unterworfene) bzw. aussetzen. Dies hat unmittelbare
Auswirkungen und Konsequenzen für die Psychotherapie und die
Gestaltung der psychotherapeutischen Situation.

Zuerst werde ich skizzenhaft die Entwicklung meines eigenen philosophischen Denkens bezüglich der Analyse des Daseins
beschreiben, sodann das in meiner Analyse entwickelte Menschenbild darlegen, beim Philosophischen dann immer mehr psychologische Aspekte mit einbeziehen, was dann in eine psychologische
Theorie psychischer Störungen mündet, aus der dann therapeutische Konsequenzen gezogen werden sollen. Wie schon im ersten
Abschnitt dieses Vorworts angedeutet, fasse ich eine psychotherapeutische Behandlung immer als einen wechselseitigen Prozess
auf, der im Idealfall bei allen Beteiligten zu einer Weiterentwicklung ihrer Liebesfähigkeit führt.

Im Anhang habe ich die wichtigsten Strukturen meiner Daseinsanalyse skizzenhaft zusammengefasst und bin auf die psychotherapeutisch interessanten Phänomene Selbst, Ich und Person
eingegangen, deren Struktur sich daseinsanalytisch mithilfe der
drei Daseinsaspekte Psyche, Geist und Materie offenlegen lässt.

Nach Beendigung dieser Arbeit habe ich mich gefragt, warum ich erst jetzt die Psychotherapie in den Mittelpunkt meiner
Analysen gestellt habe, obwohl ich hauptberuflich nicht Philosoph,
sondern Psychotherapeut bin. Die einzige Erklärung, die ich mir geben kann, ist die, dass der Erkenntnisweg unseres Daseins immer
erst über das uns Ferne zu uns selbst führt, so wie Heidegger sagt,
dass wir uns zwar ontisch das Nächste, ontologisch aber das
Fernste sind. Ich versuchte, mir erst philosophisch genügend Klar-
heit zu verschaffen, bevor ich mich meinem eigentlichen Betäti-
gungsfeld, der Psychotherapie zugewandt habe.

1. Die Entwicklung meines daseinsanalytischen Denkens

Ausschlaggebend war sicherlich die Lektüre von Heidegger (Heidegger, Sein und Zeit, 2006a), der ja die moderne Daseinsanalyse begründet und dabei den Tod als Schwerpunkt gewählt hat, um uns mit dessen Verleugnung in unserer Kultur zu konfrontieren. Wenn er dabei immer wieder vor einer Überbewertung der Technik gewarnt hat, so deute ich dies als Warnung davor, dass wir sonst wie Sisyphos, der den Todesgott Thanatos überlistet und gefesselt hat, bestraft werden: Sisyphos musste immer wieder einen schweren Stein einen hohen Berg hinaufrollen, der am höchsten Punkt dann in die Tiefe fiel. Bei uns besteht heute schon ein gewisser Zwang, alles immer besser, schneller, höher, weiter usw. zu machen. Sich die Erde „untertan" zu machen, kann man auch anders interpretieren, als sie rücksichtslos auszubeuten und Vergänglichkeit und Tod zu verleugnen.

Mehr oder weniger zufällig bin ich dann auf die japanischen Philosophen der Kyôto-Schule gekommen. Hier wird Heideggers „Wahrheit der Eigentlichkeit" mit der „Wahrheit des Zen-Buddhismus", dem absoluten Nichts verglichen. Im Buddhismus geht es um die vollkommene Überwindung aller Gegensätze, sodass Raumlosigkeit, also Nirwana (raumlose Wahrheit) entsteht und absolut nichts mehr räumlich da ist. Im Gegensatz dazu kennt unsere Erlösungsvorstellung nur die Zeitlosigkeit in der Ewigkeit, in der es noch Raum gibt, z.B. die offensichtlich räumliche Trennung von Himmel (zeitlose Eigentlichkeit) und Hölle (zeitlich anhaltende Verfallenheit, um jeweils Heideggers Ausdrucksweise zu verwenden).

Nishida, einer der Gründer der Kyôto-Schule, greift ein durch die Zeit vermitteltes Identitätsproblem auf, wie wir stets dieselben sein können, da wir uns doch stetig ändern (Nishida, 2011). Demgegenüber kritisiert Tanabe, der andere Gründer der Kyôto-Schule, an Nishida, dass er Gegensätze, insbesondere den zwischen dem Allgemeinen des Gemeinschaftlichen und dem Einzelnen, wenn wir als Individuen da sind, nur dann überwinden kann, wenn er die Tat mit einbezieht, die als einziges eine Wende herbeiführen kann (Tanabe, 2011). Daher betrachtet Tanabe unser Dasein auch als etwas Besonderes, als Spezies. Er zeigt dabei auf, dass zwischen den drei Modi des Individuums, des Genus (Gemeinschaftswesen) und der Spezies eine absolute dialektische Vermittlung besteht, d.h. eines der drei vermittelt zwischen den beiden anderen, die zusammen wiederum dieses vermitteln (ebenda), so dass kein Modus einen Vorrang besitzt.

Bevor ich endgültig meinen Ansatz einer Daseinsanalyse erstmalig formulierte, beschäftigte ich mich mit dem amerikanischen Philosophen Stanley Cavell bzw. mit seinem Hauptwerk „Der Anspruch der Vernunft" (Cavell, 2006). Das Interessante bei Cavell ist, dass er sowohl Psychologie als auch Philosophie studiert hat und davor vor der Entscheidung stand, ob er Jazz-Pianist werden oder studieren wollte. Zum einen hat mir diese Lektüre Wittgenstein nähergebracht, mit dem Cavell sich ausgiebig befasst hat, zum anderen faszinierten mich seine Shakespeare-Interpretationen als kreativen Zugang zu philosophischen und psychologischen Fragen, die das Verhältnis von Körper, Geist und Seele betreffen.

1.1. Heidegger

Meine daseinsanalytischen Überlegungen sind im Wesentlichen von Heidegger geprägt. Den ersten Kontakt mit seiner Philosophie bekam ich im Herbst 2010 in der Schweiz in Isenthal im Kanton Uri bei einer Fortbildung über die Zollikoner Seminare, die Heidegger mit dem Schweizer Psychiater Medard Boss abgehalten hatte (Heidegger, Zollikoner Seminare, 2006b). Wahrscheinlich ging es mir ähnlich wie den damaligen Zuhörern in Zollikon, dass ich zuerst einige Verständnisschwierigkeiten hatte, worauf Heidegger eigentlich aus war und was er vermitteln wollte, aber dann hatte ich Blut geleckt und wollte mehr in sein Denken eintauchen. Daher kaufte ich mir „Sein und Zeit" (Heidegger, 2006a) und begann, es durchzuarbeiten und meine Gedanken dazu aufzuschreiben (Kolb,

2011), indem ich parallel dazu ein von Thomas Rentsch herausge-
gebenes Buch über „Sein und Zeit" (Rentsch, 2007) durchlas.

Ein Kernpunkt dabei ist, dass ich das von Heidegger be-
nannte „eigentliche befindliche Verstehen des Worumwillens"
bzw. das Streben danach als Streben nach vollkommener Liebe ausgelegt habe bzw. als Streben nach echtem und unmittelbarem Verstehen des Worumwillens eines anderen oder seiner selbst, was für
mich eine Handlungsanweisung zur vollkommenen Fremd- oder
Selbstliebe ist, um eine direkte Erfahrung von Liebe zu machen.
Ähnlich wie Heidegger geht es mir dabei nicht um metaphysische
Begriffsbestimmungen, sondern um antimetaphysische Anleitun-
gen, um eine Erfahrung des betreffenden Phänomens machen zu
können – Heidegger nennt dies häufig „aufzeigen" und bedient sich
dabei einer protreptischen (ermunternd-ermahnenden) Sprache,
die seine Zuhörer in Zollikon genauso wie ich in Isenthal zuerst nicht
verstanden haben. Heidegger zeigt beispielsweise auf, dass unser
Selbst phänomenal in der Sorge enthalten ist und daher nur in der
Praxis erfahrbar ist. Damit betont auch Heidegger den Daseinsmodus der Spezies wie Tanabe (Tanabe, 2011).

Einen wichtigen Kritikpunkt an Heidegger habe ich bei den
§§ 61 – 66 gefunden: ich kann hier zeigen, dass die Zeitlichkeit nur
eine notwendige, aber keine hinreichende Bedingung dafür ist, einen ausreichenden und damit vollständigen Rahmen zur Verfügung
zu stellen, um das Sein des Daseins zu analysieren. Der Sinn des
Seins, nach Heideggers Definition der Rahmen, in welchem Sein
verständlich wird, ist nicht nur die Zeitlichkeit, sondern auch die
Räumlichkeit. Die Kombination habe ich Prozesshaftigkeit genannt,
die als vierte Ekstase neben denen der Zeitlichkeit (ich nenne sie
Herkunft, Zukunft und Ankunft) noch die Ekstase der Auskunft besitzt. Dies stimmt auch damit überein, dass wir unser Dasein nicht
nur durch das Woher, das Wohin bzw. Wozu, sowie das Woran-ge-
rade, sondern notwendigerweise auch durch den Austausch und
ein Auskommen (wortverwandt mit Auskunft) mit anderen über
unser praktisches Handeln und der darin enthaltenen Auskunft
über das Woher, Wohin und Woran verstehen können. Bildlich
stelle ich mir diesen Rahmen so vor, dass die untere Rahmenlinie

die Ekstase der Auskunft darstellt, die linke Seitenlinie repräsentiert die Herkunft, die rechte die Zukunft, und die beiden Seitenlinien tragen zusammen die obere Linie, die der Ankunft entspricht.

Beim Durcharbeiten von „Sein und Zeit" habe ich folgende Ergänzungen und Nuancierungen mir ausgedacht: Heideggers Sorge habe ich differenziert in Ergriffenheit und Erwartung, wobei mir später auffiel, dass dies eine Parallele bei Aristoteles besitzt, der zwischen Begehren (orexis) und Denken unterscheidet (Aristoteles, 1985) und den Menschen als das Wesen sieht, bei dem sich denkendes Begehren und begehrendes Denken kreuzen. In seinen Vorlesungen über Aristoteles soll Heidegger orexis mit Sorge übersetzt haben (Rentsch, Martin Heidegger – Sein und Zeit, 2007, S. 40). Was Heidegger Verfallenheit nennt, habe ich als mangelnde Auseinandersetzung mit Täuschungen und Enttäuschungen bezeichnet, sodass in meiner Ausdrucksweise das Wesen des Daseins Ergriffenheit, Erwartung und Täuschung ist, wobei der Umgang mit Täuschungen und der daraus resultierenden Empfindung der Enttäuschung das kritische Moment ist, ob das Dasein sich von ihm selbst abkehrt und verfällt oder nicht.

Weiterhin habe ich das Schuldigseinkönnen als Unzulänglichkeit interpretiert, wofür das Dasein nicht nur derart die Verantwortung übernimmt, dass es sich angstbereit auf die Zukunft hin entwirft, sondern dass es auch bereit ist, mit der Wut anderer über seine Unzulänglichkeiten bereuend und mit der eigenen Wut über die Unzulänglichkeiten anderer verzeihlich bzw. barmherzig umzugehen, und auf diese Weise immer mehr seine eigene Geworfenheit in seiner befindlichen Reue und die der anderen versteht, indem es ihnen möglichst nichts persönlich übel nimmt, und dass es auch bereit ist, das Leid anderer und das eigene derart anzunehmen, dass es Fähigkeiten entwickelt, um gegebenenfalls Wiedergutmachung zu leisten und so Sinn und Richtung seines Daseins zu ändern im Sinne von Metanoia oder Buße. In der Buße wesentlich enthalten ist das Versprechen, seine Liebesfähigkeit weiterzuentwickeln. Überhaupt habe ich nicht nur die Angst, sondern auch andere grundlegende Empfindungen wie Freude, Wut und Leid in ihrer „eigentlichen"[2] und „uneigentlichen" Form analysiert. Etwas von verschiedenen „gleichursprünglichen" Seiten zu betrachten, empfiehlt Heidegger selbst, wenn er auf die häufige Missachtung dieses Phänomens der Gleichursprünglichkeit hinweist (Heidegger, Sein und Zeit, 2006a, S. 131). Die Bereitschaft, seine Angst in der momentanen Situation anzunehmen, um *zukünftig* faktisch möglichst nicht schuldig zu werden, Reue darüber, woher gegenwärtiges Leid kommt bzw. seine *Herkunft* hat, und Buße (wie oben definiert) als neue entschlossene Ausrichtung in der gegenwärtigen Situation, in der man *angekommen* ist, sind gleichursprünglich und konstituieren als unterschiedliche Momente das Phänomen des Schuldigseins.

1.2. Die Kyôto-Schule

Auf der Suche nach weiteren Autoren, die sich mit Heidegger auseinandersetzen, stieß ich auf ein Buch über die Kyôto-Schule (Ohashi, 2011), in dem ein Kapitel auch über das Nichts bei Heidegger ging. In Japan hatte sich aufgrund der häufigen Naturkatastrophen ein viel radikaleres Denken über den Tod und die Nichtigkeit des menschlichen Daseins entwickelt als bei uns, sodass das absolute Nichts (zettai mu) eine gottähnliche Stellung bekam als der Urgrund von Sein und Nichts. Ich deutete es bald als Äquivalent zu meiner Auffassung der vollkommenen Liebe, die als Utopie ebenfalls absolut nichts ist, weil sie niemals sein kann. Auch diese Gedanken habe ich aufgeschrieben (Kolb, 2012).

Im ersten Kapitel von Ohashis Buch beschäftigt sich Nishida (Nishida, 2011) mit dem durch die Zeit gegebenen Identitätsproblem, wie wir dieselben sein können, obwohl wir uns mit der Zeit

---

[2] Was Heidegger „eigentlich" nennt, z.B. die Angst, ist bei mir eine dem Modus des Individuums zugeordnete Empfindung oder Befindlichkeit unter dem Aspekt des Psychisch-Motivationalen, während „uneigentlich" bei mir ein spezifisches Gefühl, z.B. die Furcht, bezeichnet, wenn es um Entscheidungen unter dem Aspekt des Geistig-Idealen geht.

doch stetig ändern. Dabei kommt er auf die Antwort, dass wir zur Lösung dieses Problems die fünf Gegensätze aktiv-passiv, objektiv-subjektiv, kontinuierlich-diskontinuierlich, linear-zirkulär und räumlich-zeitlich immer mehr überwinden müssen. Mir fiel dabei auf, dass dies mit der von Fonagy et al. dargestellten Entwicklung des Selbst (Fonagy, Gergely, Jurist, & Target, 2008) in Übereinstimmung gebracht werden kann. Später, als ich mich mit der Nikomachischen Ethik (Aristoteles, 1985) auseinandersetzte, sah ich darin auch die Entwicklung der fünf dianoietischen Tugenden Verstand, Wissenschaft, Kunstfertigkeit, Klugheit und Weisheit, sowie unsere so genannten fünf Sinne, wie wir sie von ihrer emotionalen Bedeutung her sprachlich gebrauchen. Die fünf Arten des Lernens sind dann die durch Einsicht, Rücksicht, Vorsicht, Aussicht und Umsicht.

Wenn wir *Geschmack* an etwas gefunden haben, *freuen* wir uns, werden *aktiv* und verstehen als *physisches Selbst* einsichtig und mit *Verstand* immer mehr grundlegende Zusammenhänge und Prinzipien; je nachdem, ob wir unser Gegenüber *riechen* können oder nicht, stinkt es uns, sind wir *wütend* oder *ekeln* uns als *Subjekte* gegenüber einem *Objekt* und versuchen als *soziales Selbst* mit Rücksicht auf andere und uns selbst über Wenn-Dann-Regeln – gewissermaßen *wissenschaftlich* – Ordnung in unsere zwischenmenschlichen Beziehungen zu bringen; sich vorsichtig oder gar *ängstlich* an etwas *heranzutasten*, wenn wir nicht wissen, ob wir es mit etwas *Kontinuierlichem* oder *Diskontinuierlich*-Unberechenbarem zu tun haben, erfordert unsere ganze *Kunstfertigkeit* als *teleologisches Selbst*, um eine aufeinander aufbauende Reihe von Tätigkeiten zu einem Abschluss zu bringen; wenn wir von einer Attraktion *gehört* haben und teilweise *leidvoll* Sehnsucht danach empfinden, weil wir noch getrennt davon sind, streben wir auf *kluge* Weise als *intentionales Selbst* nach dem in Aussicht Gestellten, und manchmal erreichen wir geradlinig, also *linear* unser Ziel, manchmal aber drehen wir uns *zirkulär* im *Kreis* und müssen immer wieder von vorne anfangen; wenn wir dann u.U. *schamhaft* das *betrachten*, was wir alles getan haben, und uns darüber befragen oder von anderen entsprechend gefragt werden, ob wir umsichtig genug waren und mit *Weisheit* gehandelt haben, dann stellen wir oft fest, dass wir etwas zur falschen *Zeit* oder am falschen *Ort* getan haben, als *repräsentationales Selbst* haben wir vielleicht nach einem Wertesystem gehandelt, das unsere Welt *repräsentiert*, welches *zeitlich* gut angepasst, aber *räumlich* ziemlich unflexibel ist, sodass wir uns z.B. in anderen Kulturen schwer zurecht finden, oder wir entwerfen überall ein entsprechendes Wertesystem, wissen dann aber irgendwann nicht mehr, wann welche Werte wirklich gelten, d.h. unsere *zeitliche* Orientierung ist dahin.

Bei Tanabe (Tanabe, 2011) hat mich vor allem seine Dialektik angesprochen, dass die Daseinsmodi des Individuums als Einzelnes, der Spezies als Besonderes und des Genus, der Gemeinschaftlichkeit als Allgemeines sich im Verhältnis einer absoluten Dialektik befinden, d.h. dass jeweils eines der drei zwischen den beiden anderen vermittelt und diese beiden gemeinsam das erste vermitteln. Damit hat keines der drei Modi einen Vorrang vor den anderen. Des Weiteren zeigt er den Geist als den Aspekt der Rückkehr zum absoluten Nichts und die Materie als den Aspekt der Entfremdung davon auf. Ich habe dann noch als dritten Aspekt die Psyche als den dynamischen Aspekt des absoluten Nichts hinzugefügt, sodass wir hier ebenfalls eine absolute Vermittlung zwischen Psyche, Geist und Materie haben, und keiner dieser drei Aspekte einen Vorrang gegenüber den anderen besitzt. Damit sind die einseitigen Positionen von Freud, Hegel und Marx bezüglich dieser drei Aspekte destruiert. Freud stellte das Psychisch-Motivationale in den Vordergrund seiner Analyse, indem er den Ursprung von allem auf die Dynamik unserer Ergriffenheit von unseren Triebwünschen reduzierte, Hegel beschränkte sich auf das Geistig-Ideale, also unsere Ideen und Erwartungen, und Marx sah den Grund von allem in der Entfremdung bzw. im materiellen Aspekt, dass der Ausbeuter den Ausgebeuteten hinsichtlich bestimmter Gegensätzlichkeiten täuschte. Aber, wie sich aus meiner Umformulierung der Sorge bei Heidegger ergibt, ist das Wesen unseres Daseins sowohl Ergriffenheit, Erwartung als auch Täuschung, und keines davon besitzt aufgrund ihrer gegenseitigen absoluten Vermittlung einen Vorrang. Später hat mich Tanabes absolute Dialektik dazu inspiriert, dieses Verhältnis auch bei den Wahrnehmungsstrukturen Raum, Zeit und

Rhythmik und bei den dazugehörigen Daseinsstrukturen Räumlichkeit, Zeitlichkeit und Lebenswirklichkeit bzw. Weltzugehörigkeit zu
erkennen.

Wenn wir derartige Begriffe jeweils so gruppieren, dass sie
in einem absolut dialektischen Verhältnis zueinander stehen, zeigt
sich, dass es keine echten Gegensätze dabei gibt, dass sie also nicht
materiell sind (materiell bedeutet wahrnehmbar, wahrnehmen
heißt unterscheiden, und nur dort, wo es echte Gegensätze gibt,
kann man unterscheiden) und daher nicht verdinglicht bzw. hypo-
stasiert werden dürfen.

1.3. Stanley Cavells Anspruch der Vernunft

Als ich Cavells Hauptwerk (Cavell, 2006) durcharbeitete,
welches sich über weite Strecken damit beschäftigt, wie vernünftig
die Haltung des Skeptikers ist, wobei er annimmt, dass dieser eine
Enttäuschung erlebt haben muss, kam ich auf die Interpretation
von Cavell, dass es sich bei der Enttäuschung um ein Miss-
brauchserlebnis in der eigenen Familie handeln könnte (Kolb,
2012). Damit wird der Skeptizismus des Erkenntnistheoretikers
(E.T.) zum Anspruch oder sogar zum Schrei nach Liebe („E.T. nach
Hause telefonieren"). Insofern es bei meiner Daseinsanalyse um
den Umgang mit Ergriffenheit, Erwartung und insbesondere der
Täuschung geht, war die Beschäftigung mit Cavell für mich sehr
wichtig.

Indem der Skeptiker tragischerweise in der Isolation endet,
ist er mit der Frage „Wer bin ich?" konfrontiert, auf die er die beiden widersprüchlichen Antworten hat »Ich bin Ich« und »Ich bin
Nicht-Ich«. „Dass ich ich bin, besagt daher, dass ich nicht einmal ich
bin – ein heiteres oder vielmehr ekstatisches Aufscheinen der Möglichkeit, dass alle Definitionen und Beschreibungen, die mir die
Welt von mir gibt, mich nicht erschöpfen." (Cavell, 2006, S. 619) Das
erinnerte mich an den Aufsatz von Ueda (Ueda, 2011): Wenn ich
bei dem »Ich bin Ich« stehen bleibe, dann kann sich „Hass gegen
Andere, Grundblindheit über sich selbst und Habgier" (ebenda,

Seite 442) entwickeln, die „dreifache Selbstvergiftung [...] als die Grundverkehrtheit und der Unheilsgrund des Menschen" (ebenda). In der gegensätzlichen Antwort liegt „eine Grundwendung und völlige Umkehr wie in »Stirb und Werde« oder in »Tod und Auferstehung«" (ebenda, Seite 443). Damit ist also die Ekstase der Zukunft angesprochen („ekstatisches Aufscheinen der Möglichkeit", s. o. Cavell).

Entsprechend führt uns die Frage „Was ist Leben?" zu den beiden Antworten »Leben fließt und blüht von sich selbst, Leben lebt aus sich selbst heraus, Leben ist Leben« und »Leben ist Nicht-Leben« mit der Ekstase der Herkunft bzw. der Gewesenheit nach Heidegger, nämlich wo alles Leben herkommt, denn die „Natur [...] ist der erste Auferstehungsleib des selbstlosen Selbst aus dem Nichts" (ebenda, Seite 443).

Die Frage „Wer oder was ist ein anderer?" hat zur Antwort »ein anderer ist anders« und »ein anderer ist nicht anders« und kann uns in die Ekstase der Ankunft bzw. der Gegenwart nach Heidegger versetzen, der Gegenwart des anderen, mit der wir konfrontiert sind. „Die communio des gemeinsamen Lebens ist der zweite Auferstehungsleib des selbst-losen Selbst" (ebenda, Seite 445).

Dabei geht es „um die Überlieferung des Selbst, von Selbst zu Selbst" (ebenda, Seite 446) und damit um die die vorangegangenen Fragen umfassende Frage „Was ist Lieben?" mit den beiden Antworten »Verstehen ist Verstehen, Akzeptieren ist akzeptieren, Lieben ist Lieben« und »Lieben ist Nicht-Lieben«: Wenn ich bei dem »Lieben ist Lieben« stehen bleibe, dann kann sich ein Selbstbewusstsein etablieren, andere geliebt und womöglich dadurch gerettet zu haben, was alles verderben würde, und es kann sich wie oben ebenfalls „Hass gegen Andere (, die sich womöglich von mir nicht lieben lassen wollen), Grundblindheit über sich selbst und Habgier" (ebenda, Seite 442) entwickeln, die „dreifache Selbstvergiftung [...] als die Grundverkehrtheit und der Unheilsgrund des Menschen" (ebenda). Diese Erfahrung vom Lieben „bewährt sich darin, einen anderen erwachen zu lassen, und zwar so, dass dieser selber erwacht" (ebenda, Seite 445). Wer einen anderen erwachen lassen will, der „predigt nicht, belehrt nicht, sondern stellt in der

Begegnung wie auch beim Zusammensein einfache Fragen: »Woher bist du?« »Was ist dein Name?« »Wie geht's dir?« »Hast du schon gegessen?« »Siehst du diese Blumen?«" (ebenda, Seite 445 f.). Er bittet also nur um ganz einfache Auskünfte wie Sokrates, „und bei dem Anderen wird die Frage nach sich selbst, nach dem wahren Selbst erweckt: »Wer bin ich eigentlich?«" (ebenda, Seite 446) Damit ist also die Ekstase der Auskunft angesprochen. Beim absoluten Nichts bzw. bei der Liebe geht es „um die Überlieferung des Selbst, von Selbst zu Selbst" (ebenda). Die Überlieferung von Selbst zu Selbst ist meines Erachtens der dritte Auferstehungsleib des selbst-losen Selbst. Damit ist die ganze Prozesshaftigkeit umfasst (s.o. 1.1) und daher der ganze Sinn des Seins, d.h. die Frage nach dem Sinn des Seins ist äquivalent mit der Frage nach dem Lieben.

In der zweiten Hälfte von Cavells „Der Anspruch der Vernunft" geht es immer stärker um den körperlichen Aspekt und sein Verhältnis zu Seele und Geist, wobei Seele und Geist hier nicht klar getrennt sind. Einerseits wird Wittgensteins These behandelt, dass der „menschliche Körper [...] das beste Bild der menschlichen Seele" (Wittgenstein, 2001, S. 1002, PU 496) sei, andererseits kann der Körper auch ein Hindernis sein, um die Seele zu erkennen. Für letztere Ansicht bringt Cavell einen Mythos vor (Cavell, 2006, S. 603 ff.), der meines Erachtens symbolisch die Situation eines Menschen beschreibt, der in seiner Kindheit missbraucht wurde.

Ob der menschliche Körper nun Seele und Geist zeigt oder nicht, diese Frage wandelt Cavell um: „Ist die skeptische Verdeckung – die Verwandlung der metaphysischen Endlichkeit in einen intellektuellen Mangel – eine Verleugnung des Menschlichen oder dessen Ausdruck?" (ebenda, S. 781) Es ist offensichtlich ein Ausdruck des Menschlichen, das Menschliche zu verleugnen. Dies, zeigt Cavell, wird z.B. in den Tragödien und Komödien von Shakespeare häufig zum Thema:

Da in Tragödien der Tod immer eine große Rolle spielt, kommt Cavell immer wieder zurück „auf die Vorstellung vom menschlichen Körper und welches Los ihm in diesen Geschichten zufällt" (ebenda, S. 757). Im „Kaufmann von Venedig" von Shakespeare macht sich Shylock zum Advocatus Diaboli, indem er fordert, Antonio solle ihm ein Pfund seines Fleisches als Entschädigung für die seelischen Verletzungen geben, die er Shylock zugefügt habe. Damit will er demonstrieren, in welcher Weise Antonio und die anderen Christen die Analogie zwischen Körper und Seele missbrauchen, dass sie nämlich, wenn sie sich von einem Juden seelisch verletzt fühlen, ihn dafür töteten. Shylock, der Jude, und Antonio und seine Freunde, die Christen, verleugnen in ihrer Grausamkeit das Menschliche, drücken dadurch aber gleichzeitig etwas sehr Menschliches aus, nämlich das Bedürfnis nach Wiedergutmachung. Ontologisch-wesenhaft zeigt sich hier die Wut über die Geworfenheit des Daseins, dass ihm immer wieder Situationen, in die es geworfen wird, zugemutet werden.

Mit Shakespeares „Das Wintermärchen" und seinem „Othello, der Mohr von Venedig" wählt Cavell eine „zweite, [...] abschließende Illustration, [...] welches Schicksal dem menschlichen Körper unter dem Skeptizismus [nach meiner Interpretation also bei Missbrauch oder Misshandlung] beschieden ist" (ebenda, S. 761). Der Zusammenhang beider Stücke „ist eine Geschichte von nagender Eifersucht, dann der Anklage wegen Ehebruchs, einer Anklage, von welcher jeder Außenstehende, jeder andere als der Ankläger weiß, dass sie völlig gegenstandslos ist" (ebenda, S. 762). Die nagende Eifersucht ist „die Pein in dem Vermögen, um die Existenz eines anderen (als keusch, unberührt, wie der Wissende von seinem anderen weiß, dass der es ist) zu wissen. Leontes weigert sich einem wahren Orakel Glauben zu schenken, Othello besteht darauf, einem falschen zu glauben" (ebenda, S. 762). Außerdem „führt in beiden Dramen die Weigerung des Mannes, seinen anderen zu kennen, zur Phantasie von etwas Steinernem" (ebenda). Hermione erscheint als Statue und wird von Leontes als solche anerkannt, und Othello beschreibt Desdemonas Haut „*wie eines Denkmals Alabaster*" (ebenda). Anscheinend wird jemand erst dann als Mensch anerkannt, wenn er oder sie gestorben ist, aber tot und versteinert ist der Körper kein Mensch mehr. Ontologisch-wesenhaft zeigt sich hier einerseits im Grauen die Angst vor dem

Tod, andererseits aber auch in der Pein das Leid über das Getrennt-Sein von seinem eigentlichen Selbst, also von der vollkommenen Liebe, welches sich in der Unzulänglichkeit zeigt, um die Existenz eines anderen zu wissen. Der Affekt des Schmerzes, nicht liebenswert zu sein, war für Othello stärker als die Furcht vor dem Tod, die er total verdrängt hatte, so dass er sich selbst in diesem Affekt umbrachte. Die Spannung (lat. intentio), ob er es wert sei, von Desdemona geliebt zu werden, war zerrissen, und der Schmerz darüber zerriss Othello. Als tragischer Held kann er uns so wieder liebenswert erscheinen. Konkret-ontisch kann sich mir das Leid über das Getrennt-Sein von meinem Ideal-Selbst darin zeigen, dass ich mich nicht für liebenswert erachte. Therapeutisch kann hier manchmal die Affirmation helfen: „Ich bin nicht perfekt, sondern liebenswert."

Es geht beim Leid nicht nur um meine *Existenz*, sondern auch um meine *Integrität* als Mensch. Wegen meiner Unzulänglichkeiten, meiner Unvollkommenheit, muss für meine Integrität, von der ich scheinbar abhängig bin, der andere in seiner Existenz von mir als vollkommen angesehen werden, eine Existenz, „die mich»in gewissem Sinne nach ihrem Bild« schafft" (ebenda, S. 765). Für ein kleines Kind ist dies typischerweise die Mutter oder der Vater, bei Othello war es Desdemona, und mit ihrem Tod war die Integrität von Othello zerstört, so dass er, nachdem er dies erkannt hatte, auch seine eigene Existenz im Selbstmord vernichtete.

2. Philosophisches Menschenbild

An dieser Stelle will ich die wichtigsten Punkte skizzieren, die mein philosophisches Menschenbild charakterisieren, die ich wesentlich ausführlicher in meinen drei Büchern „Dasein, um zu lieben" (Kolb, 2017a), „Rhythmus, Intuition und Liebe" (Kolb, 2017b) und „Liebe, Macht und Sexualität" (Kolb, 2017c) dargestellt und ausgearbeitet habe.

2.1. Grundlagen meiner Daseinsanalyse

Wie schon in „Dasein, um zu lieben" ausgeführt (Kolb, 2017a) hat unser Dasein als Mensch zum einen den Modus als Gemeinschaftswesen, den ich Genus nennen will in Anlehnung an Tanabe (Tanabe, 2011), zum anderen den Modus als Individuum und schließlich noch den Modus als Spezies (ebenda), wenn wir uns in bestimmten Positionen befinden und bestimmte Funktionen ausüben, also in bestimmten Beziehungen zu anderen und als Teil bestimmter Strukturen innerhalb der Gemeinschaft handeln. Als Gemeinschaftswesen begreifen wir, was wir wahrgenommen bzw. unterschieden haben (Differenzierung) – dazu brauchen wir prinzipiell andere Menschen, am Anfang unseres Daseins unsere Mutter als die primäre Bezugsperson –, wo es herkommt, d.h. wir werden in die Ekstase der Herkunft (Gewesenheit bei Heidegger (Heidegger, Sein und Zeit, 2006a)) versetzt bzw. versetzen uns später auch selbst dort hinein, um die Bedingungen der Situation zu begreifen und zu einem Gesamteindruck zu integrieren; als Individuum verstehen wir uns theoretisch auf das, was wir begriffen haben und wovon wir dadurch ergriffen sind – dabei sind wir prinzipiell vereinzelt, müssen selbst überlegen und planen, können höchstens Vorschläge von anderen übernehmen, anfänglich von unserer Mutter –, d.h. wir werden aufgrund entsprechender Erwartungen in die Ekstase der Zukunft versetzt bzw. versetzen uns später auch selbst dort hinein, um uns für eine Handlung zu entscheiden, die regulierend wirken soll; als Spezies führen wir erwartungsvoll aus, was wir überlegt, geplant und entschieden haben, wir verstehen uns praktisch darauf – dabei sind wir prinzipiell uns selbst entfremdet, müssen selbst handeln, können höchstens praktische Tipps und vorbildhaftes Handeln von anderen übernehmen bzw. uns abschauen, anfänglich von unserer Mutter –d.h. wir werden aufgrund entsprechender Handlungen und deren Ergebnis in die Ekstase der Ankunft (oder Gegenwart bei Heidegger) versetzt bzw. versetzen uns später auch selbst dort hinein, um uns mit den Konsequenzen unserer Handlungen auseinanderzusetzen. Über die Ekstase der Auskunft, was herauskommt, wenn wir ein bestimmtes Auskommen mit der Welt haben, – dies ist das wichtige Bindeglied, das Heidegger übersehen hat – kommen wir wieder in den Modus des Genus, und die Entwicklungsspirale geht weiter.

Ferner gibt es die Daseinsaspekte des Körperlich-Materiellen, gekennzeichnet durch Affekte, Gegensätzlichkeiten, Übereinstimmungen und Täuschungen, des Psychisch-Motivationalen, gekennzeichnet durch Empfindungen und die Dynamik der Ergriffenheit, und des Geistig-Idealen, gekennzeichnet durch Gefühle und Ideal- und Katastrophenvorstellungen bzw. Erwartungen. Im Modus des Genus sind wir wahrnehmende, unterscheidende Objekte des Körperlich-Materiellen und psychisch-motivierte Subjekte, die zusammen mit anderen begreifen und meinen, Bescheid zu wissen, im Modus des Individuums empfindende Objekte unserer Ergriffenheit, also des Psychisch-Motivationalen, und geistige Subjekte, die überlegen, planen und entscheiden, und im Modus der Spezies sind wir vorfühlende Objekte unserer Erwartungen, also des Geistig-Idealen, und körperlich-materielle Subjekte, die sich aktiv mit den Gegensätzlichkeiten der Materie auseinandersetzen. Insgesamt ergibt sich hier ein Kreis, der in zwei Richtungen durchlaufen werden kann, worauf ich weiter unten noch zurückkommen werde, wenn ich mich mit den verschiedenen Gedächtnisprozessen beschäftige.

Wenn wir mit Heidegger nach dem Sinn des Seins fragen, dann geht es dabei letztlich um ein Sinngefüge, um eine Struktur (lat. structura = Sinngefüge), und die von ihm gefundene Zeitlich-

keit ist eine solche Struktur. Man kann zum einen Daseinsstrukturen unterscheiden, nämlich Zeitlichkeit, Räumlichkeit und Lebenswirklichkeit bzw. Weltzugehörigkeit, zum anderen die dazugehörigen Wahrnehmungsstrukturen Zeit, Raum und Rhythmik. Diese
beiden Gruppen von jeweils drei Strukturen habe ich deshalb gewählt, weil sie sich jeweils absolut dialektisch nach der Definition
von Tanabe vermitteln. Wahrnehmen heißt unterscheiden, die
Wahrnehmungsstrukturen erlauben uns also zu unterscheiden,
während wir von den Daseinsstrukturen aufgefordert sind, die
durch die Wahrnehmungsstrukturen uns erschlossenen bzw. er-
schließbaren Unterschiede zu benutzen. So sind wir durch die ein-
dimensionale Zeit aufgefordert, uns in die drei zeitlichen Ekstasen
Herkunft, Zukunft und Ankunft hineinzuversetzen, durch den drei-
dimensionalen Raum, uns in die eine Ekstase der Auskunft zu bege-
ben, indem wir uns auf die Welt, in der wir sind, und auf den Austausch mit anderen, die uns in der Welt begegnen, einlassen, und
durch die Rhythmik mit ihrer Dynamik, ihrer interferierenden Berührung und ihrer wirkungsvollen Wendung, was andererseits eine
ähnlich wiederkehrende Rhythmus-Gestalt ergibt, sind wir durch
das an- und abschwellende Pulsieren gedrängt, uns handelnd auf
die Lebenswirklichkeit bzw. auf unsere Beziehung zu unserem In-
der-Welt-Sein, wie ich unser Leben bezeichne, bzw. darauf einzulassen, dass wir in der Welt sind und einfach dazugehören. Insofern
entsprechen die Strukturen der Zeit und der Zeitlichkeit dem Daseinsaspekt des Geistig-Idealen, denn Ideale und Ziele brauchen
Zeit, bis sie verwirklicht oder erreicht sind, Raum und Räumlichkeit
sind auf das Körperlich-Materielle bezogen, denn Gegensätze brauchen Platz, um sich zu entfalten, und Rhythmik und Lebenswirklichkeit bzw. Weltzugehörigkeit haben mit der Dynamik des Psychisch-
Motivationalen zu tun, welches uns bewegt und lebendig macht.
Wenn wir uns Zeit nehmen und der Welt Raum geben, ermöglichen
wir Lebendigkeit.

Als Individuum ist das Dasein ganz im Für-Sich, ganz auf sich
allein gestellt, denn die Bürde seiner Befindlichkeit als Objekt der
Psyche kann ihm niemand abnehmen („Jeder hat sein eigenes
Kreuz zu tragen"), und seine Würde als Entwerfender, als geistiges

Subjekt, kann ihm auch niemand streitig machen („Die Gedanken sind frei"). Als Individuum bestimmt sich das Dasein ganz und gar selbst, es ist ganz und gar ein Einzelnes, erwartungsvoll entwerfende und befindlich ergriffene Geworfenheit (frei nach Heidegger, Sein und Zeit, 2006). Mit seiner Bürde und Würde ist dem Dasein als Individuum sein ganzheitliches Selbstverständnis erschlossen, wenn auch nicht unbedingt verständlich. Das *ganzheitliche Selbstverständnis* ist das, was den Modus des Individuums idealerweise auszeichnet.

Als Spezies ist das Dasein ganz im An-Sich, es kommt aus dem Für-Sich heraus und tritt als etwas Besonderes an seine Umwelt heran, mit seiner Umwelt in Kontakt, denn mit seiner Absicht, als Objekt des Geistes eine bestimmte Möglichkeit seines Seinkönnens in die Tat umzusetzen, trägt es etwas Besonderes in besonderer Weise an seine Umwelt heran, und in der tatsächlichen Umsetzung als materielles Subjekt entstehen Wechselwirkungen, entsteht Kontakt. War der Entwurf seines Seinkönnens noch ein Teil von ihm selbst, so ist das, was im Kontakt mit seiner Umwelt entsteht, dem Dasein fremd, die Tat erzeugt also die Bewegung der Selbstentfremdung, wenn man den anderen oder die Umwelt als fremd bezeichnet. Als Spezies bestimmt das Dasein ganz und gar seine Umwelt und handelt im Idealfall effektiv und nur aufgrund von eigenen Erwartungen, oft aber auch aufgrund von Erwartungen anderer. *Autonomie und Effektivität* sind das, was den Modus der Spezies idealerweise auszeichnet.

Als Genus ist das Dasein in einer Bewegung vom Fremden zurück zu sich selbst, indem es das Fremde, das Ergebnis des Kontakts, mit seinen Sinnen als Objekt der Materie wahrnimmt und dabei positiv reagiert, wenn die Erwartungen erfüllt sind, negativ, wenn nicht, oder mit mehr oder weniger neutralem oder ambivalentem Affekt, wenn sie teils erfüllt, teils nicht erfüllt sind, um das Wahrgenommene dann selektiv als psychisches Subjekt u.U. zusammen mit anderen zu betrachten, zu begreifen (das Wahrgenommene also in seiner Bedingtheit zu verstehen) und so als das affektiv Begriffene in Form einer Repräsentation der Realität und Haltung gegenüber der Welt und anderen wieder zu einem Teil von sich selbst zu machen. Ich nenne dieses Begreifen deswegen affektiv ergreifendes Verstehen, weil das Dasein als Objekt der Materie mit der Wahrnehmung von etwas immer auch angenehme oder unangenehme Affekte bekommt, wodurch es bereits unmittelbare Kontingenzen auf sein Verhalten entdecken kann und so ein erstes Begreifen ermöglicht wird. Damit ist das Dasein als Genus sowohl im An-Sich als auch im Für-Sich, also im An-und-Für-Sich. Es befindet sich ganz und gar im interaktiven und kommunikativen Austausch mit der Welt und anderen, im affektiv ergreifenden Verstehen, und ist damit ganz und gar ein Allgemeines, es ist im ausdrücklich-eindrücklich Sich-Aneignen der Realität in Form bestimmter Repräsentationen. Nach einer entsprechenden Tat als Spezies kann das Dasein als Genus begreifen, ob und wie weit die Überwindung von Täuschungen bzw. Gegensätzlichkeiten der Materie sowohl für sich selbst, als auch im Idealfall gleichermaßen solidarisch mit anderen gelungen ist. Die *kommunikative Solidarität* (Rentsch, 1999, S. 258) ist das, was den Modus des Genus idealerweise auszeichnet. Inwiefern ich hier jeweils von einem Ideal reden kann, soll folgende Überlegung klären:

2.2. Die Utopie der vollkommenen Liebe

Wenn wir etwas analysieren, dann beabsichtigten wir etwas damit, wir wollen etwas in irgendeiner Hinsicht verbessern. Eine Daseinsanalyse kann nicht ohne ein Ziel durchgeführt werden, genauso wie „eine philosophische (nicht empirische) Anthropologie nicht vor- oder außerethisch konzipiert werden kann" (Rentsch, 1999, S. 1). Um unser menschliches Dasein zu verbessern, bietet sich als Ziel bzw. als Ideal die vollkommene Überwindung von Täuschungen bzw. Gegensätzlichkeiten der Materie an, denn genau dann sind unsere Ergriffenheit und unsere Erwartung kongruent, und wir empfinden unser Dasein als erfüllt. Psyche und Geist befinden sich in absoluter Harmonie, d.h. als Individuum verstehen wir echt und unmittelbar unsere jeweilige Ergriffenheit, das Worumwillen unseres Daseins. »Echt« bedeutet, dass es keine Täuschung

gibt, und »unmittelbar«, dass die Befindlichkeit der Ergriffenheit
einfach so ohne jede Vermittlung von etwas anderem als der Ergriffenheit selbst verstanden wird, also ohne irgendwelche Konzepte,
Haltungen, Einstellungen oder sonstige Repräsentationen der Realität. Genau dann sind die Täuschungen vollkommen überwunden,
d.h. nur das echte und unmittelbare Verstehen der Ergriffenheit ist
gleichbedeutend mit der vollkommenen Überwindung von Täuschungen, denn ein durch irgendetwas vermitteltes Verstehen und
daher eine vermittelte Überwindung von Täuschungen ist abhängig
von der Vermittlung und daher womöglich instabil, auf jeden Fall
aber unvollkommen.

Wenn Ergriffenheit und Erwartung kongruent bzw. ohne
Täuschung sind, dann ist der Affekt des Daseins als Objekt der Materie reine Lust, und als psychisches Subjekt ist es derart erfüllt,
dass es keine Repräsentationen der Realität mehr kreiert, da es sich
auch mit allen anderen in vollkommener Harmonie befindet. Damit
sind ganzheitliches Selbstverständnis und kommunikative Solidarität in absolutem Einklang, denn unsere Ergriffenheit kommt von
dem, was wir als Genus und psychisches Subjekt in der kommunikativen Solidarität mit anderen begriffen haben.

Echt bedeutet, dass das Verstehen zu keinem Entwurf und
damit das Dasein auch zu keiner Handlung gelangt, die zu einer Täuschung führt. Da keine Tat oder Handlung als Spezies zur Überwindung einer Täuschung oder Enttäuschung (das ist eine Empfindung
aufgrund des Begreifens der Wahrnehmung einer Täuschung als
nicht erfüllte Erwartung) benötigt wird, ist jede Tat weder technisch nützlich noch hypothetisch angenehm sondern kategorisch
im Sinne von Kant oder absichtslos im Sinne des Taoismus (Wu wei,
Tun in der Ruhe, ohne zusätzlich etwas regeln zu müssen, Tun im
Nichtstun), und damit auch absolut autonom und effektiv, und das
Dasein versteht sich selbst insgesamt, ist also im ganzheitlichen
Selbstverständnis, d.h. Autonomie und Effektivität und ganzheitliches Selbstverständnis sind in absolutem Einklang.

Da es keine täuschenden Gegensätzlichkeiten der Materie
mehr gibt, gibt es keine Selbstentfremdung und auch keine Konflikte mehr mit anderen als Genus, d.h. es herrscht vollkommene

Harmonie mit sich selbst und anderen Menschen. Dies ist genau dann der Fall, wenn in allen Beziehungen mit anderen von mir eine absolute Gleichheit zwischen uns und eine absolute Freiheit in der jeweiligen Beziehung besteht. Absolute Gleichheit soll hier bedeuten, dass ich den anderen und mich selbst gleichermaßen im jeweiligen Worumwillen echt und unmittelbar verstehe, sonst gäbe es keine vollkommene Harmonie, und absolute Freiheit meint hier, dass jeder absolut freiwillig bzw. autonom und damit effektiv handeln kann, sonst wäre meine Harmonie instabil und nicht vollkommen. Autonomie und Effektivität und kommunikative Solidarität befinden sich im absoluten Einklang. Damit ist klar, dass ich beim Erreichen dieses utopischen Ziels der vollkommenen Überwindung aller Täuschungen und Gegensätzlichkeiten das Worumwillen meines individuellen Daseins und das vom Dasein aller anderen, die mir begegneten, echt und unmittelbar verstehen würde. Dieses Ziel möchte ich *vollkommene Liebe* nennen. Es beinhaltet vollkommene Selbst-Liebe und vollkommene Fremd-Liebe gleichermaßen.

Utopische Ziele sind nur dann sinnvoll, wenn stetige Fortschritte und entsprechende Verbesserungen auf dem Weg dorthin möglich und im Dasein angelegt sind, auch wenn das Ziel selbst unerreichbar bleibt. Dann ist eben der Weg das Ziel. Wie der Weg zur vollkommenen Liebe aussehen kann, und dass das utopische Ziel der vollkommenen Liebe in uns angelegt ist, habe ich in „Dasein, um zu lieben" (Kolb, 2017a) aufgezeigt. Da nur in der Materie die Täuschungen und Gegensätzlichkeiten wahrnehmbar sind, zeigt sich dort also die Entfernung zur bzw. die Entfremdung von der vollkommenen Liebe als das materielle Moment der vollkommenen Liebe. Wenn man formal davon ausgeht, dass Vollkommenheit geherrscht hat, als noch kein Dasein existiert hat, und wenn man die vollkommene Liebe als Ideal akzeptiert, dann ist der Geist der Aspekt der Rückkehr zur vollkommenen Liebe, ihr geistiges Moment. Die Psyche kann man dann als die Dynamik bzw. als den psychisch-motivationale Aspekt der vollkommenen Liebe bezeichnen. Damit sind Psyche, Geist und Materie die drei Aspekte der vollkommenen Liebe, und das Dasein mit seinen grundlegenden Aspekten Psyche,

Geist und Körper ist infolgedessen ein Abbild der vollkommenen
Liebe.

Damit ist die vollkommene Liebe *„universal-anthropolo-
gisch"* (Rentsch, 1999, S. 306). Wenn hier bei mir der Weg zum Ziel
gemacht wird und die vollkommene Liebe als utopisches Ziel bezeichnet wird, so ist dies der Unvollkommenheit und Fragilität des
Daseins geschuldet, was realistische Zwischenziele verlangt, und
hier hat das Ethos als momentane Sinnesart oder vorreflexives Wissen seinen Platz. Auch die aristotelische »Eudaimonia« als letzter
Sinn des gesamten menschlichen Lebens entspricht dem utopischen Ziel der vollkommenen Liebe. Alles typisch Menschliche an
irgendwelchen Handlungen, welches über das Tierische hinausgeht, strebt nach Verständnis und langfristigem, insbesondere nach
sprachlichem Austausch mit anderen Menschen und damit nach
der vollkommenen Liebe, die dadurch erst richtig fundiert ist als
menschliche Erfüllungsgestalt oder »Telos«. Das typisch Menschliche ist weder instrumental bzw. technisch nützlich noch hedonis-
tisch bzw. hypothetisch angenehm, sondern hat nach Aristoteles
seinen Sinn in sich selbst bzw. ist kategorisch im Sinne von Kant und
damit vernünftig. Da die vollkommene Liebe ein utopisches Ziel ist,
dem das Dasein immer wieder entgegenstreben kann, solange es
lebt, kann ihre Bestimmung „nicht unterhalb des Niveaus einer *Lebensform* (einer Gestalt, die das menschliche Leben im Ganzen hat)
erfolgen" (ebenda, S. 298). Der Weg zur vollkommenen Liebe kann
nur in der Interaktion und Kommunikation mit anderen gegangen
werden und „gehört so in den Zusammenhang des kommunikativen gemeinsamen Lebens und kann nicht etwa »subjektiv« bestimmt werden" (ebenda, S. 298 f.).

Betrachtet man die vollkommene Liebe als echtes und unmittelbares Verstehen des Worumwillens von jeglichem Dasein,
dann ist in der Unmittelbarkeit die Zeitlichkeit überwunden und das
reine (eben unmittelbare) geistige Entwerfen ohne Beachtung von
Herkunft, Zukunft und Ankunft erreicht, in der Echtheit, die keinem
Zweifel mehr Raum bietet, ist die Räumlichkeit als Aufforderung,
sich einzulassen, überwunden und die reine (eben echte) körperliche Begegnung ohne zweifelnde Zurückhaltung mit anderen und

mit der Welt erlangt, und schließlich ohne Ergriffenheit bzw. ohne Worumwillen, wozu das Wirken dienen und was es erreichen soll, ist die Lebenswirklichkeit überwunden und die reine (eben lebendig wirkende bzw. lustvoll ergreifende), das In-der-Welt-Sein bejahende Motivation durch die nunmehr erfüllte Psyche gewonnen.

Wie in „Dasein, um zu lieben" aufgezeigt, bedeutet dieser Weg des Daseins die absolute Selbstverneinung in Einheit mit der absoluten Selbstbejahung. Weiterhin ist der Weg zur vollkommenen Liebe die absolute Negation (aller Aspekte) des Daseins. Am Ende dieses Weges haben sich sowohl die drei Modi Individuum, Spezies und Genus als auch die drei Aspekte Psyche, Geist und Materie aufgelöst, und das Dasein ist zu Nichts geworden. Es ist zumindest nicht mehr von dieser Welt bzw. hat nichts mit irgendeinem Konzept von Irgendetwas zu tun. Andererseits bejaht das Dasein dann seine Existenz absolut. Hingabe und Annahme, Geben und Nehmen, Bejahung und Verneinung werden eins. Um die Verwirrung noch größer zu machen: in der vollkommenen Liebe sind alle drei Aspekte und damit die Existenz des Daseins absolut unwichtig und bedeutungslos. Da dies auch für die drei Aspekte der vollkommenen Liebe gilt, heißt das, dass wir uns nicht auf die Vollkommenheit der Liebe konzentrieren sollen, das ist für uns bedeutungslos. Unsere Liebesfähigkeit immer weiterzuentwickeln, dieser Weg ist das Ziel.

Als Mathematiker würde ich sagen, der Weg zur vollkommenen Liebe ist eine nicht-konvergierende Folge mit keinem bestimmbaren Grenzwert im Unendlichen. Der Zustand der vollkommenen Liebe ist für uns absolut unbestimmbar. Der Weg dorthin führt in die Unendlichkeit, und diese ist nicht mehr von dieser Welt, so dass hier verständlich wird, dass dieser Weg die absolute Negation unserer Welt ist und zu etwas führt, was prinzipiell nicht bestimmbar ist. Indem wir diesen Weg aber gehen, bejahen wir diese Welt, ohne die wir diesen Weg gar nicht gehen könnten. In der Konzentration auf diesen Weg wird die Welt andererseits immer bedeutungsloser. Auf irgendeine absolut unbestimmbare Art und Weise sind Psyche, Geist und Materie aufgrund absoluter Hingabe,

Annahme und Bedeutungslosigkeit absolut vereint, eine Dreieinig-
keit. Für „absolut" können wir auch den Ausdruck „unendlich" nehmen. Das menschliche Dasein könnte man auch als eine Projektion
dieses unendlich Unfassbaren in die Endlichkeit auffassen, als ein
Bild davon, und es gibt prinzipiell unendlich viele Bilder davon.

Aus dieser Konzeption ergibt sich, dass die beiden Handlungsweisen des Verzeihens (etwas nicht mehr persönlich[3] übelnehmen, sodass die Vergangenheit in der Bedeutungslosigkeit ver-
sinkt, da nur das Persönliche bedeutend ist) und des Versprechen-
Gebens und -Haltens, womit wir die Zukunft unseres Daseins hingeben, die laut Hannah Arendt die beiden Grundprobleme zwischenmenschlichen Handelns, nämlich die Unabwägbarkeit und die
Unwiderruflichkeit, immer besser lösbar machen (Arendt, 1967),
Handlungen der Liebe sind, und je besser derartige Lösungen gelingen, desto vollkommener ist unsere Liebe. Als Handlungen der
Liebe fördern sie sowohl die kommunikative Solidarität als auch die
Effektivität jeglichen autonomen Handelns, und um etwas nicht
mehr persönlich übelzunehmen, benötigen wir ein entsprechendes
Selbstverständnis. Dabei gilt, je schlimmer oder tiefer wir uns von
der Tat eines anderen getroffen und betroffen fühlen und in unserem Handeln beeinträchtigt, desto tiefer und vollkommener muss
unser Selbstverständnis sein, damit wir es der anderen Person nicht
mehr persönlich übelnehmen. Eine Tat kann man nicht verzeihen,
nur dem Täter in diesem Sinne. Damit dürfte meine Definition der
Liebe hinreichend intelligibel und verständlich gemacht sein.

Damit das Dasein auf den Weg zur vollkommenen Liebe gelangt und dort vorankommt, habe ich in „Dasein, um zu lieben" drei

---

[3] Dabei meint Persönlichkeit das Image, welches wir bei anderen haben,
den Gesamteindruck, den sie sich von uns gemacht haben. Unser Selbst
ist der Gesamteindruck, den wir von uns selbst haben, unser Ich ist das,
was sich als eigener Eindruck von sich selbst im Moment gerade mitunter
auch lautstark meldet, und unsere Person oder unser eigentliches Selbst
ist das, was wir hinter all unserem Ausdruck vermuten, was durch alle unsere Erscheinungsbilder „hindurchtönt" (von lat. per-sonare). „Persönlich" meint dieses Eigentliche.

notwendige und zusammen genommen hinreichende Bedingungen gefunden: immer wieder sich entschlossen zu bemühen um echte Auskunft über die Herkunft der augenblicklichen Situation, um echte Auskunft über die Zukunft der Möglichkeiten des Seinkönnens in der augenblicklichen Situation und um echte Auskunft über die Ankunft in der augenblicklichen Situation[4]. Dabei kommt es allmählich zur Entwicklung von immer stärkerer kommunikativer Solidarität, immer größerem ganzheitlichem Selbstverständnis und umfangreicherer Autonomie und Effektivität, wodurch dem Dasein immer besser die Regulierung seiner Emotionen (Affekte, Empfindungen und Gefühle) gelingt, was wiederum sein Bemühen um echte Auskunft erfolgreicher macht, so dass es auf dem Weg zur vollkommenen Liebe immer größere Fortschritte macht. Dabei erkennt es immer mehr die Bedeutungslosigkeit seiner früheren Existenz, wird immer mehr bereit, seine zukünftige hinzugeben, indem es z.B. Versprechen gibt und hält, und nimmt ineins damit seine momentane Existenz immer dankbarer an.

Was auch immer sich uns konkret bzw. ontisch in unserer Beziehung zu unserem momentanen In-der-Welt-Sein, also unserem momentanen Leben, an Aufgaben stellt, im tieferen Sinn bzw. ontologisch geht es dabei immer nur darum, wie wir unsere Liebesfähigkeit weiterentwickeln und so auf dem Weg zur vollkommenen Liebe immer weiter vorankommen können. Dabei kann das Problem zum einen darin bestehen, dass uns die eigentliche Befindlichkeit der Angst im Sinne von Heidegger zu schaffen macht, wenn wir sie und die prinzipielle Erschlossenheit der Unüberholbarkeit unseres Todes bzw. unserer Sterblichkeit und die damit verbundene Hilflosigkeit nicht aushalten können oder wollen, zum anderen

---

[4] Eine Situation ist ein raumzeitlich bezüglich eines Zieles bzw. eines Worumwillens begriffener Zusammenhang, in dem ein Lebewesen innerhalb bestimmter räumlicher und zeitlicher Grenzen bzw. Horizonte materielle Gegensätze unterscheiden bzw. wahrnehmen, Aussichten beurteilen (was auf es zukommen kann) und praktische Zusammenhänge sowohl induktiv als auch deduktiv, als auch conduktiv schlussfolgernd sich erschließen kann, wo etwas im Allgemeinen herkommt, wo etwas im Speziellen hinführen und womit man im Einzelnen zusammengeführt werden kann.

kann uns aber auch die eigentliche Befindlichkeit der Wut auf diesem Weg bremsen oder gar blockieren, wenn uns diese Wut und die prinzipielle Erschlossenheit der Unhintergehbarkeit unserer Geworfenheit, welche Daseinsbedingungen uns aufoktroyiert sind, überfordert und mit aller Macht überrollt. Drittens kann unser Weg zur vollkommenen Liebe auch noch dadurch beeinträchtigt oder verbaut sein, dass uns die eigentliche Befindlichkeit des Leids und die prinzipielle Erschlossenheit unseres Getrennt-Seins von unserem eigentlichen Sein, also von der vollkommenen Liebe, das „Unzuhause", wie Heidegger es nennt, und die damit verbundene Hoffnungslosigkeit alle Kraft raubt.

Auf der anderen Seite kann uns die eigentliche Befindlichkeit der Freude, die Lust, wie Aristoteles es nennt, der keine Unlust gegenübersteht – sonst wäre diese Befindlichkeit uneigentlich bzw. kein Empfinden, sondern ein mit einer konkreten Erwartung verbundenes Gefühl –, die nötige Kraft trotz des Getrennt-Seins von unserem eigentlichen Sein, also von der vollkommenen Liebe, den nötigen Mut trotz der großen Anforderung und das nötige Vertrauen und die Geduld trotz unserer Sterblichkeit geben, sodass wir auf dem Weg zur vollkommenen Liebe stetige Fortschritte machen.

In „Sein und Zeit" hat Heidegger, wie er schreibt, die „Grundbefindlichkeit der Angst als eine ausgezeichnete Erschlossenheit des Daseins" (Heidegger, 2006a, S. 184) herausgegriffen, wobei er niemals behauptete, dass die Angst die einzige Grundbefindlichkeit dieser Art sei. Dadurch kam es aber zu einer Schieflage seiner Daseinsanalyse, weil er sich nur auf die Angst, den Tod und die Zukunft konzentrierte. Zur phänomenalen Hebung der Analyse habe ich daher die anderen, wie ich finde, genauso wichtigen und grundlegenden Befindlichkeiten der Wut wegen unserer Geworfenheit in unhintergehbare Bedingtheiten, des Leids aufgrund unseres Getrennt-Seins von unserem eigentlichen Sein, also von der vollkommenen Liebe, und der Freude, wenn wir uns auf das Ziel der vollkommenen Liebe hinbewegen, in die Daseinsanalyse einbezogen. Diese vier Grundbefindlichkeiten sind gleichursprünglich und konstituieren das ursprüngliche Phänomen der Befindlichkeit. „Das Phänomen der *Gleichursprünglichkeit* der konstitutiven Momente

ist in der Ontologie oft missachtet worden zufolge einer methodisch ungezügelten Tendenz zur Herkunftsnachweisung von allem
und jedem aus einem einfachen »Urgrund«." (Heidegger, Sein und
Zeit, 2006a, S. 131) Mit der Überbetonung der Angst hat Heidegger
sich selbst widersprochen.

2.3. Das Gedächtnis und seine Funktionen

Einen wichtigen Gesichtspunkt habe ich bisher noch nicht
in die Analyse hineingenommen, der mit der zeitlichen Ekstase der
Herkunft bzw. Gewesenheit bei Heidegger zu tun hat, nämlich unsere Reflexivität, die uns einerseits hilft, frühere Geschehnisse, die
wir vielleicht nicht gleich begriffen haben, später zu verarbeiten,
sodass diese, unsere frühere Existenz immer mehr in der Bedeutungslosigkeit versinken kann. Andererseits kann diese Reflexivität
uns auch immer mehr den Schrecken vor grausigen Dingen nehmen, die noch auf uns zukommen können, indem wir sie mit Frühe-
rem vergleichen. Symbolisch haben die Griechen dies in der Sage
von Perseus ausgedrückt, der die Häupter der drei Medusen nur
durch einen reflektierenden Spiegel unbeschadet anschauen
konnte, ohne zu Stein zu erstarren. Ferner können wir nur aufgrund
unserer Reflexivität bewusst im Hier und Jetzt sein. In „Liebe,
Macht und Sexualität" (Kolb, 2017c) habe ich im 9. Kapitel Bewusstsein als Zustand des Vergleich-Könnens bezeichnet, und bewusst
sein, also vergleichen, können wir nur aufgrund unserer Reflexivität. Konkret oder ontisch zeigt sich unsere Reflexivität in unseren
Gedächtnisinhalten.

Als Objekt von Materie, Psyche und Geist braucht das Dasein, da es reflexiv ist und es ihm um sein Sein geht, jewils ein Gedächtnis, welches ich in „Liebe, Macht und Sexualität" als Affektgedächtnis, Empfindungsgedächtnis und Gefühlsgedächtnis bezeichnet habe. Wenn wir etwas wahrnehmen, es von etwas anderem
unterscheiden, so ist dies mit einem Affekt verbunden, es macht
uns an, erregt unsere Aufmerksamkeit, sodass wir es bemerken und
uns merken im Affektgedächtnis. Wenn wir dies dann begreifen

und dabei merken, was es mit uns macht, dann empfinden wir, finden uns selbst, da wir selbst betroffen sind, und merken es uns im Empfindungsgedächtnis. Wenn wir dann befindlich verstehen, welche Möglichkeiten des Seinkönnens wir entwerfen können, so sind mit den entsprechenden Erwartungen Gefühle verknüpft, wir fühlen vor, welche Affekte und Empfindungen wir hätten, wenn das Erwartete eintrifft bzw. sich erfüllt. Dies merken wir uns dann im Gefühlsgedächtnis. Affekte, Empfindungen und Gefühle befinden sich in einem absolut dialektischen Vermittlungsverhältnis nach Tanabe, so dass man sie insgesamt als Emotionen bezeichnen und die drei Gedächtnisarten zum emotionalen Gedächtnis zusammenfassen kann.

Entsprechend sind wir auch als körperlich-materielle, psychisch-motivationale und geistig-ideale Subjekte jeweils reflexiv mit den drei Gedächtnisarten des Handlungs- und Wirkungsgedächtnisses, des Bedingungs- und Begriffsgedächtnisses und des Planungsgedächtnisses wie in „Liebe, Macht und Sexualität" beschrieben. Diese drei Gedächtnisarten entsprechen den drei Daseinsmodi Spezies, Genus und Individuum und stehen ebenfalls in einem absolut dialektischen Vermittlungsverhältnis, so dass man sie zum autobiografischen Gedächtnis zusammenfassen kann – autobiografisch deswegen, weil wir so selbst (auto = selbst) und reflexiv unsere bisherige Beziehung zu unserem In-der-Welt-Sein, also unser Leben (Bios = Leben) im Gedächtnis speichern bzw. aufzeichnen (graphein = aufzeichnen). Da wir uns aber auch Lebensdaten von anderen merken, mit denen wir uns empathisch identifizieren, ist dies eigentlich ein biografisches Gedächtnis.

Das Interessante ist nun, wie diese verschiedenen Gedächtnisarten miteinander interagieren, weil man bei dieser Analyse sehr gut die verschiedenen Verdrängungsmechanismen des Abspaltens, Abwehrens und Bewältigens (s.u.) herausarbeiten kann, welche ontologisch betrachtet auf andere Weise erkennen lassen, wie wir auf unserem Weg zur vollkommenen Liebe uns behindern oder sogar blockiert sein können. Bisher habe ich nur Störungen auf dem Weg zur vollkommenen Liebe von der Seite des Daseins als Subjekt aus betrachtet, wenn wir aufgrund von zu großer Angst, Wut oder Leid jeweils als eigentliche Befindlichkeiten uns entsprechend nicht mehr entschlossen um echte Auskunft über Zukunft (Angst), Herkunft (Wut) und Ankunft (Leid) bemühen und durch Lernen Inhalte des biografischen Gedächtnisses mit dem emotionalen verknüpfen. Nun geht es um die Betrachtung des Daseins als Objekt von Psyche, Geist und Materie, wenn wir emotionale Gedächtnisinhalte nicht verarbeiten und im biografischen Gedächtnis integrieren.

Wenn wir die Entwicklung des Kindes betrachten, so lernt es zuerst auf der Ebene des physischen Selbst (Fonagy, Gergely, Jurist, & Target, 2008) durch *Einsicht* (Kolb, 2017c) bestimmte affektive Wahrnehmungen mit Aktivitäten zu verbinden, d.h. es wird eine Verbindung vom Affektgedächtnis hin zum Handlungsgedächtnis aufgebaut, welches zu diesem Zeitpunkt lediglich ein Aktivitätsgedächtnis ist. Auf der Ebene des sozialen Selbst lernt das Kind durch *Rücksicht* (ebenda) bestimmte Bedingungen befindlich miteinzubeziehen, sodass es Verbindungen schafft vom Empfindungsgedächtnis hin zum Bedingungs- und Begriffsgedächtnis und vom Begriffsgedächtnis hin zum Affektgedächtnis (ebenda). Auf der Ebene des teleologischen Selbst lernt das Kind durch *Vorsicht* (ebenda) bestimmte Möglichkeiten befindlich zu verstehen, sodass es Verbindungen schafft vom Handlungsgedächtnis hin zum Gefühlsgedächtnis und von dort aus hin zum Planungsgedächtnis, welches erst lediglich ein Möglichkeitsgedächtnis ist und erst auf der nächsten Entwicklungsebene, der des intentionalen Selbst, zum Planungsgedächtnis wird (ebenda). Jetzt wird der Kreis geschlossen durch das Lernen durch *Aussicht* (ebenda), indem eine Verbindung entsteht vom Planungsgedächtnis hin zum Empfindungsgedächtnis, sodass ein Kind immer mehr kluge Ansichten gewinnen kann, welche Bedingungen erfüllt sein müssen und welche Risiken und Chancen es gibt, weswegen ich diesen Kreis den *Kreis des klugen Handelns* genannt habe (ebenda). Hierbei kann man explizit erkennen, dass und wie biografische Gedächtnisinhalte mit emotionalen verbunden werden. Bis hierhin können sich auch viele Säugetiere entwickeln.

Erst mit der Umkehr, der Reflektion dieses Kreises entsteht aufgrund des Lernens durch *Umsicht* (ebenda) auf der Ebene des repräsentationalen Selbst das typisch Menschliche, der Kreis des umsichtigen oder verantwortungsvollen menschlichen Handelns, erst dann bildet sich immer mehr das heraus, was Aristoteles mit der Tugend der Weisheit bezeichnet. Erst hier stellen wir Menschen uns Fragen wie: Nehme ich genug Rücksicht? Lohnt sich die Aussicht? Bin ich vorsichtig genug? Habe ich genug Fähigkeiten und Fertigkeiten? Habe ich genug Einsicht? Sollte ich mich noch weiter umsehen? Wann ist genug genug? Wenn man als Philosophie den Bereich des menschlichen Daseins bezeichnet, in welchem man sich grundsätzliche Fragen stellt und nach grundlegenden Antworten sucht, dann kann man sagen, dass wir Menschen ab diesem Entwicklungsstadium zu Philosophen werden, ja sogar Philosophen sein müssen, wir wären sonst keine Menschen.

Aufgrund unserer jeweiligen Aktivitäten als Subjekt werden die Inhalte des emotionalen Gedächtnisses weiterverarbeitet und in das autobiografische Gedächtnis integriert, indem sie mit der entsprechenden Aktivität verbunden werden, zu der wir als Objekt aufgrund der jeweiligen Emotion aufgerufen werden. Solange ein Inhalt des emotionalen Gedächtnisses noch nicht im autobiografischen Gedächtnis integriert ist, können wir uns nur dadurch daran erinnern, dass wir uns an die vorangehende Aktivität erinnern bzw. sie durchführen und uns dann vorwärts im Kreis für verantwortlich-reflektiertes menschliches Handeln bewegen, an einen Affekt durch vorangegangene spezifische Aktivitäten, an eine Empfindung durch vorangegangenes Begreifen, an ein Gefühl durch vorangegangenes Planen. Beispiele dafür findet man im 3. Kapitel von „Liebe, Macht und Sexualität" (ebenda).

Wenn wir auf diesem Kreis des menschlichen Handelns uns stetig und entschlossen weiterbewegen, kommen wir auch auf dem Weg zur vollkommenen Liebe immer weiter voran, so dass sich die Frage stellt, wann und wodurch es zu Schwierigkeiten, Stillstand oder Rückschritten auf diesem Weg kommt. Wenn unsere Vorstellungskraft für die Realität nicht groß genug ist, der Affekt zu heftig, die wahrgenommenen Gegensätzlichkeiten zu groß, um uns mit der Situation im Begreifen als *Genus* auseinandersetzen zu können, dann sind wir an dieser Stelle blockiert und es kommt zur *Abspaltung* des Affekts, der typische Verdrängungsmechanismus bei Traumata, Zwängen und Psychosen – wir sind dann nicht mehr richtig im Kontakt mit der Realität, die entsprechenden Affekte im emotionalen Gedächtnis werden nicht im autobiografischen integriert.

Wenn wir nicht genug Vorstellungskraft für Katastrophen und Ideale aufbringen wegen zu starker Empfindungen aufgrund zu großer begriffener Gegensätzlichkeiten der Materie, um als *Individuum* entsprechende Möglichkeiten zu erwägen (kann ich es wagen?) und zielgerichtete Aktivitäten zu planen, mit den Gegensätzlichkeiten umzugehen, so dass es zu starken Schamgefühlen aufgrund vermuteter oder bekannter Unzulänglichkeiten kommen würde, dann wehren wir diese Empfindungen ab, indem wir uns und anderen vormachen, wir hätten alles im Griff, und entwickeln u.U. einen unangemessenen Stolz. Wir haben nicht den Mut, uns mit den verschiedenen Möglichkeiten, die uns zur Verfügung stehen, und den damit zusammenhängenden Erwartungen auseinanderzusetzen. Es kommt zur *Abwehr* unserer Empfindungen, der typische Verdrängungsmechanismus bei Suchterkrankungen. Die entsprechenden Empfindungen im emotionalen Gedächtnis werden nicht im autobiografischen integriert.

Wenn wir im Daseinsmodus der *Spezies* nicht genug Selbstvertrauen haben, wenn das negative Gefühl zu stark ist wegen der mit den entsprechenden Plänen zusammenhängenden vorgestellten zu großen Gegensätzlichkeiten, um sich mit ihnen praktisch auseinanderzusetzen, so dass es schon im Vorhinein zu starken Misserfolgsgefühlen kommt, dann versuchen wir diese Gefühle dadurch zu bewältigen, dass wir uns mit anderen spezifischen Aktivitäten ablenken, die scheinbar unbedingt noch vorher gemacht werden müssen, oder in Apathie versinken, uns also aufgeben und teilnahmslos nichts mehr fühlen (es kommt zu typischen Äußerungen wie „Ich schaffe es nicht" o.ä.). In der Psychoanalyse bezeichnet man dies als *Bewältigung* der Gefühle, obwohl mir der Ausdruck Überwältigung passender vorkommt. Dies ist der typische Verdrängungsmechanismus bei neurotischen Ängsten und Depres-

sionen. Die konkrete Furcht wird in eine diffuse und damit neurotische Angst zurückverwandelt, z.B. in eine allgemeine Versagens-
angst. Die entsprechenden Gefühle im emotionalen Gedächtnis
werden nicht im autobiografischen integriert.

Große Gegensätzlichkeiten auf der körperlich-materiellen
Ebene lösen Affekte aus, die sehr viel Raum einnehmen und so zu
einer großen Reizüberflutung führen, so dass wir diese Affekte u.U.
abspalten. Wenn es uns gelingt, sie nicht abzuspalten, sondern zu
begreifen, dann erzeugen die entsprechenden Empfindungen ein
derart pulsierendes Drängen, dass wir sie evtl. abwehren, uns nicht
so stark bedrängen lassen wollen. Wenn wir es dann trotzdem hinbekommen, uns befindlich auf unsere Möglichkeiten zu verstehen
und entsprechend überlegen und planen, dann fühlen wir einen so
großen Zeit- und Leistungsdruck, dass wir diese Gefühle je nachdem durch Aktionismus oder Apathie bewältigen, dass wir so diesen Druck zu bewältigen suchen (so passt der psychoanalytische
Ausdruck der Bewältigung), allerdings ohne mit den Gegensätzlichkeiten selbst angemessen umzugehen. Wie man hier sieht, spielen
alle drei Wahrnehmungsstrukturen eine Rolle, der Raum beim Abspalten, die Rhythmik des Lebendigen beim Abwehren und die Zeit
beim Bewältigen des Zeit- bzw. Leistungsdrucks, also des Erwar-
tungsdrucks. Entsprechend kommen wir den jeweiligen Aufforde-
rungen der dazu analogen Daseinsstrukturen nicht nach: beim Abspalten tauschen wir uns nicht mit anderen aus und lassen uns nicht
umsichtig handelnd auf unsere Umwelt ein[5], beim Abwehren nicht
auf die Wirklichkeit des Lebens und beim Bewältigen nicht darauf,
uns aufgrund unserer Planung in die drei zeitlichen Ekstasen der
Herkunft, Zukunft und Ankunft hineinzuversetzen bzw. uns mit unseren Erwartungen dort hineinversetzen zu lassen.

---

[5] Traumatisierte Menschen haben Wortfindungsstörungen, wenn sie über
ihre traumatischen Erlebnisse berichten sollen.

2.4. Verschiedene Arten der Gewinnung von Erkenntnis

Dass die Gewinnung von Erkenntnissen allgemein und daher auch bei der Psychotherapie wichtig ist, brauche ich wohl kaum zu betonen. Zu Erkenntnis bzw. Wissen über etwas gelangen wir prinzipiell nur über Vergleichen und daher nur durch Bewusstsein, ein Seinszustand des Vergleichen-Könnens und der Prozess des Vergleichens (Kolb, 2017c, S. 194, 8. Kapitel). Der Erkenntnisprozess vollzieht sich auf drei Arten, je nachdem in welchem Modus sich unser Dasein gerade befindet. Im Modus des Genus treffen wir als Objekte der Materie auf deren Gegensätze, die wir immer mehr affektiv bemerken und dadurch immer besser unterscheiden bzw. wahrnehmen können, je weiter unsere Sinne und erlernten Wahrnehmungsmuster entwickelt sind. Außerdem sind wir als psychische Subjekte empfindungsfähig, am Anfang unseres Lebens vor allem bezüglich Lust- und Unlustempfindungen. Zwischen beidem vermitteln andere Menschen, zuerst in der Regel unsere Mutter, die mit den Gegensätzen der Materie so umgeht, dass wir uns möglichst wohl fühlen. Diese anderen Menschen stehen uns im Idealfall in kommunikativer Solidarität, wie ich es hier in Abschnitt 2.2 genannt habe, mit Rat und Tat zur Seite, und je nach unserer eigenen Entwicklung unterstützen wir andere entsprechend. Im 11. Kapitel von „Rhythmus, Intuition und Liebe" (Kolb, 2017b) habe ich dies Beseelung und Begeisterung genannt. Erkenntnis bedeutet hier, sich etwas Fremdes vertraut zu machen und so den Gegensatz fremd-vertraut immer besser zu überwinden bzw. damit umzugehen.

Im Modus des Individuums treffen wir als Objekte der Psyche auf die Dynamik unserer Empfindungen, mit der wir immer besser umgehen können, je besser wir unser Verhältnis zu unserer Umwelt auch mithilfe bestimmter erlernter Begriffe begreifen. Außerdem sind wir als geistige Subjekte fähig, Möglichkeiten unseres Seinkönnens zu entwerfen, zu überlegen und zu planen. Zwischen beidem vermitteln wir selbst idealerweise in ganzheitlichem Selbstverständnis, wie ich es hier in Abschnitt 2.2 genannt habe, je nachdem wie weit wir unser Selbstverständnis entwickelt haben. Hier bedeutet Erkenntnis, dass wir uns etwas Fremdes, nämlich etwas von der Dynamik unserer Empfindungen, etwas von uns selbst, zu eigen machen und überlegen, wie wir damit am besten umgehen, wie wir etwas in Bezug auf uns selbst beurteilen, ob wir selbst dafür verantwortlich sind oder andere, welche Pläne wir machen und wofür wir uns entscheiden.

Im Modus der Spezies schließlich sind wir als Objekte des Geistes mit unseren Vorstellungen, Plänen, Entscheidungen und Erwartungen gefühlsmäßig beschäftigt, womit wir immer besser umgehen können, je besser wir uns darauf verstehen, unsere Vorhaben, Projekte oder Experimente praktisch umzusetzen, je kunstfertiger und geschickter wir auch mit Hilfe erlernter Handlungsmuster als körperlich-materielle Subjekte in der Lage sind zu handeln. Hier vermitteln also unsere Erfahrungen zwischen unseren Vorhaben und deren Umsetzung. Im Idealfall sind wir dabei autonom bzw. selbstbestimmt und effektiv, wie ich es hier in Abschnitt 2.2 ausgedrückt habe. Erkenntnis bedeutet hier, dass wir uns auf die Schwierigkeiten der Materie, also auf etwas Fremdes, immer mehr einlassen und praktisch damit umgehen.

Alle drei Arten der Erkenntnisgewinnung hängen auf natürliche Weise miteinander zusammen, sie befinden sich in einem absolut dialektischen Verhältnis zueinander, nur wenn ich mich im Modus der Spezies auf Fremdes einlasse, kann ich es mir im Modus des Genus vertraut machen, wodurch Seiten von mir selbst offengelegt werden, die ich mir im Modus des Individuums aneignen kann, wodurch sich mir neue Möglichkeiten des Seinkönnens auftun, sodass ich mich auf neue Weise im Modus der Spezies auf Fremdes einlassen kann usw.. Dadurch hat keine Art der Erkenntnisgewinnung einen Vorzug vor den anderen.

Für alle drei Arten brauche ich Vertrauen und Mut, Vertrauen in die menschliche Gemeinschaft, in der ich mich befinde, Vertrauen in mich selbst und Vertrauen und Mut, mich auf die Welt, die mir fremd ist, einzulassen. Dieses Vertrauen hat jedoch Grenzen, und hier müssen wir den Entwicklungskreis des vorigen

Abschnitts reflektieren, um diese Grenzen zu erkennen (hier reflektiert sich der Erkenntnisprozess selbst und führt zu Erkenntnissen auf einer anderen Ebene). Im Modus des Individuums sollte ich nicht zu sehr mir selbst vertrauen und glauben, ich könne allein für mich sorgen und bräuchte keinen anderen, bräuchte nicht auch das Vertrauen in andere. Im Modus des Genus sollte ich nicht nur auf andere vertrauen, dass sie mich schon auffangen und für mich sorgen, als ob ich mich nicht auf das Leben und die Welt auch tätig sorgend einlassen müsse. Und im Modus der Spezies sollte ich nicht nur darauf vertrauen, dass ich ohne Risiko alles bewerkstelligen könne, ohne mein Wissen bzw. das Verstehen meiner selbst bezüglich Grenzen meiner Fähigkeiten und Fertigkeiten zu beachten. Dort, wo die Grenzen des Vertrauens im Modus des Individuums sich befinden, wird dies durch das Vertrauen in andere im Modus des Genus kompensiert, dessen Grenzen das Vertrauen in selbstbestimmtes Handeln ausgleicht, dessen Grenzen das Vertrauen in die individuelle Selbsteinschätzung zurechtrückt usw...

Im Unterschied zu Descartes, der versucht hat, mit dem Gegensatz innen-außen immer besser umzugehen, und sich dadurch auf ein bestimmtes Vorstellungsbild von der Welt bzw. auf eine bestimmte Weltkonzeption festgelegt hat, die häufig kritisiert wurde, hat Erkenntnis in meiner Betrachtungsweise mit den Gegensätzen Fremdes-Vertrautes, Fremdes-Eigenes und fremdes Gegenüberstehen oder gar Abwenden von Fremdem vs. selbstbestimmtes und entschlossenes Sich-Einlassen zu tun. In der Konzeption von Descartes wird der Gegensatz innen-außen zum unüberwindbaren Problem, nämlich zum Transzendenzproblem. Transzendenzphänomene, die bei sich selbst organisierenden Prozessen deutlich werden, können so nicht erklärt werden, denn wenn z.B. ein Publikum in einen gemeinsamen Klatschrhythmus verfällt, wo ist dessen Ursprung, innen oder außen, und wenn innen oder außen, wo genau? Das liegt daran, dass hier Welterkenntnis nur im Modus der Spezies gewonnen werden kann, wenn einem das Fremde der Umwelt manifest begegnet, die anderen Erkenntnisarten sind nur Erweiterungen wie der Austausch mit anderen im Modus des Genus, oder bergen die Gefahr der subjektiven Verunreinigung von Erkenntnis, wenn man eigene, individuelle Bedürfnisse und Wünsche nicht vollkommen beiseiteschieben kann, was allerdings prinzipiell nicht möglich ist. Auf diese Weise können wir keine „Form des Selbstverstehens [... finden], die uns selbst nicht untergräbt und uns nicht abverlangt, das Offensichtliche zu leugnen" (Nagel, 2016).

Einerseits ist es das Verdienst von Descartes, dass er aufzeigt, „dass Menschen zwar nicht imstande sind, eine sich offenbarende und gegebene Wahrheit zu erkennen, aber dafür durchaus fähig sind, zu wissen und zu erkennen, was sie selbst gemacht haben" (Arendt, 1967, S. 358), sodass die Menschen von ihm zum Experimentieren angeregt wurden im Modus der Spezies. Dies hat in der westlichen Welt zu enormen wissenschaftlichen Fortschritten und Erkenntnissen und zu vielen technischen Umsetzungen geführt. Andererseits hat es uns von den ursprünglich natürlich-paradiesischen Zuständen immer weiter entfernt, und zwar nicht nur bezüglich unserer Umwelt, die wir immer weiter zerstören, sondern auch in Bezug auf das Verhältnis der Menschen untereinander: das Misstrauen der eigenen Erkenntnisfähigkeit gegenüber richtete sich früher oder später gegen die der anderen und damit gegen den Gemeinsinn, dass die Meinung der Mehrheit generell als irrelevant abgetan wird. Das Gefühl, in einer „verkehrten Welt" zu leben, ist „»das Resultat des auf dem Rückzug befindlichen Gemeinsinns«" (ebenda, S. 359).

Der Denkansatz von Descartes stürzt uns aber noch in ein wesentlich schlimmeres Dilemma: Zu wissen und zu erkennen, was wir gemacht haben, eröffnet uns einerseits viele Möglichkeiten, unser Dasein zu gestalten, andererseits bürdet dies uns die Verantwortung auf für alles, was wir getan haben. In gewisser Weise befinden wir uns dadurch in der Zwickmühle: Einerseits sind wir aufgefordert, durch Experimente immer mehr Erkenntnisse zu sammeln, ohne andererseits vorher wissen und damit verantworten zu können, was wir unter Umständen damit anrichten. Das ist ein ähnliches Double-Bind, wie wenn die Mutter zu ihrem Kind sagt: „Entwickle dich, lerne, probiere aus und mache nur das, was ich für richtig halte!" Einerseits wird von einem Wissenschaftler verlangt, dass er autonom und effektiv forscht und sich dabei für nichts engagiert, andererseits soll er nichts tun, was die Menschheit für gefährlich hält, sich hier also doch engagieren und an fremde Meinungen halten.

Bei meiner Konzeption sind die Gegensätze Fremdes-Vertrautes, Fremdes-Eigenes und fremdes Gegenüberstehen oder Sich-Abwenden vs. selbstbestimmtes und entschlossenes Sich-Einlassen wesentlich flexibler als der Gegensatz innen-außen, und sie passen sich insofern lebendigen Prozessen viel besser an, in denen Fremdes vertraut, aber auch Vertrautes fremd werden kann, man seine eigene Verantwortung überprüfen, sich mit Fremdem identifizieren und von etwas desidentifizieren kann, was man für Eigenes gehalten hat, und in denen man sich auf fremd Gegenüberstehendes einlässt, aber auch wieder ablassen und sich abwenden kann. Erkenntnis wird auch nicht ausschließlich in einem einzigen Modus vermittelt, da alle drei o.e. Arten der Erkenntnisgewinnung gleichberechtigt nebeneinanderstehen. Dadurch ist die o.e. Zwickmühle weitgehend entschärft. Die Inhalte unserer Erkenntnis sind vielfach miteinander verwoben und lassen sich nicht mehr wie bei der kartesischen Weltkonzeption in klar voneinander abgegrenzte Elemente zerlegen und aus derartigen Einzelteilen wieder zusammensetzen. Das Phänomen sich selbst organisierender Prozesse beweist, dass das Ganze mehr ist als die Summe seiner Einzelteile und nicht vollständig darauf reduzierbar ist. Die Reduktion auf sogenannte Atome, also unteilbare Einzelelemente, kann nicht gelingen, das zeigt auch die Atomphysik, die von Atomen zu den sogenannten Elementarteilchen (Elektronen, Protonen und Neutronen), zu Quarks und schließlich zu Strings gekommen ist, ohne dass ein Ende abzusehen ist.

Die Verwobenheit von Erkenntnisinhalten entspricht deutlich besser der Welt, wie sie uns als lebendige Natur entgegentritt, die sich weder in reine Ideen („res cogitantes") noch in reine materielle Dinge, in die kartesischen „res extensae", einteilen lässt. Die Empfindung von Schmerz lässt sich weder auf eine Idee reduzieren noch auf eine mechanische oder physikalische Ursache. Das kennt

jeder Arzt, der einen medizinischen Befund eines Patienten vorliegen hatte, nach welchem dieser Mensch große Schmerzen hätte
haben müssen – das war seine Idee – und bei welchem dieser aber
keine Schmerzen hatte, oder umgekehrt, dass es keinen Befund
gab, der Patient aber unter Schmerzen litt. Es gibt auch keine unmittelbaren Gegebenheiten, nichts in unserer Welt ist absolut, alles
ist irgendwie aufeinander bezogen und damit relativ. Die Welt und
wir selbst als Teil der Welt sind alles andere als Maschinen.

Entsprechend der Einteilung unserer Erkenntnisgewinnung
lässt sich auch unser Denken als ein dialektisches im Modus des Genus, ein abstraktes im Modus des Individuums und ein analytisches
im Modus der Spezies betrachten (Kolb, 2017e, S. 63 ff., 4. Kapitel).
Das dialektische Denken dient vor allem dem Erkennen, wer ein anderer und was das Wesentliche einer Situation ist, beim abstrakten
Denken beurteile ich meine eigene Situation und erkenne dabei
meist erst indirekt, wer ich bin, und beim analytischen Denken
schlussfolgere ich nach logischen Prinzipien, wie ich mit dem anderen, unserer Situation und mir selbst am besten umgehe, und erkenne so immer mehr meine tatsächlichen Fähigkeiten und Fertigkeiten.

Für das dialektische Denken brauche ich Einfühlungsver-
mögen in andere, damit ich erkenne, wer der andere und wie seine
Situation ist, beim abstrakten Denken dasselbe für mich selbst, damit ich mich vor Fehlurteilen bewahren kann, während ich beim
analytischen Denken distanziert bin, in Einzelheiten zerlege, kate-
gorisiere und mich gerade nicht einfühle, sondern alles aus der Position der dritten Person betrachte, damit meine logischen Schlussfolgerungen nicht durch Interessen von anderen oder von mir
selbst getrübt werden. Letzteres ist die wissenschaftliche Haltung,
die sich aus der Descartes'schen Weltkonzeption entwickelt hat
und der ein entsprechend mechanistisches Weltbild zugrunde liegt.

Wenn man nun genauer hinschaut, wie in den drei Daseinsmodalitäten ein Erkennen zustande kommt, so spielen bei der
Wahrnehmung über die Sinne verschiedene Rhythmen und Reso-
nanzen die entscheidende Rolle. Beim Hören und Sehen liegt dies
klar auf der Hand, und beim Tastsinn und beim Wärmeempfinden

sagt uns dies die Biophysik. Dass dies auch beim Riechen und beim Geschmackssinn der Fall ist, zeigen Ergebnisse aus der Quantenbiologie (Al-Khalili & McFadden, 2015). Bei allen Lebewesen spielen beide Phänomene, Rhythmik und Resonanz, bis hinab auf die zelluläre Ebene eine zentrale Rolle: Al-Khalili und McFadden haben überzeugende Hinweise gesammelt, dass lebende Zellen und damit alle Lebewesen ohne Quanteneffekte wie z.B. Tunneln und Nichtlokalität, die sie sich zunutze machen, nicht existieren könnten (ebenda). Damit Quanteneffekte nutzbar sind, damit also die nötige Kohärenz auf der subatomaren Ebene lange genug aufrechterhalten wird, muss der Wellencharakter der subatomaren Strukturen (Elektronen, Protonen u.ä.) geschützt werden. Bei technischen Lösungen dieses Problems, etwa bei der Konstruktion von Quantencomputern, schirmt man entsprechende Apparaturen so weit wie möglich ab und senkt die Temperatur bis in die Nähe des absoluten Nullpunktes. Lebewesen ist dies alles nicht möglich, sie scheinen eine andere Lösung gefunden zu haben: einerseits halten sie das „thermodynamische Rauschen" (chaotische Schwingungen aufgrund von Temperatur) im Rahmen eines sogenannten „weißen Rauschens" und möglichst konstant – insbesondere bei Tieren mit konstanter Körpertemperatur –, und andere Schwingungen, die sich davon abheben, modulieren sie innerhalb der Zelle derart, dass sie via Resonanz den Wellencharakter der subatomaren Strukturen unterstützen. Auch anderweitig spielen Resonanz und Rhythmus bei Lebewesen eine große Rolle: ob etwas lebt, erkennen wir z.B. intuitiv daran, ob sich bei ihm etwas rhythmisch bewegt. Dies können wir nur dadurch wahrnehmen, dass wir in Resonanz zu derartigen Bewegungen treten, die wir dann Regungen nennen.

Damit kommt der Kontakt mit anderen, mit uns selbst und mit unserer Umwelt in allen drei Daseinsmodalitäten direkt und unmittelbar über Rhythmik und Resonanz zustande, sodass man die aus meiner Daseinsanalyse hergeleitete Erkenntnistheorie auch als Kontakttheorie bezeichnen kann. Dreyfus und Taylor haben dies als Alternative zur kartesischen Vermittlungstheorie angeführt (Dreyfus & Taylor, 2016, S. 38). Im Unterschied zur rein physikalischen Resonanz, gibt es bei sozialer oder lebendiger Resonanz drei

Aspekte, nämlich den passiven, den aktiven und den Aspekt der
Entfremdung (Kolb, 2017f). Im Modus des Genus finden wir einerseits den passiven Aspekt, wenn wir uns von unserer Sinneswahrnehmung affizieren oder im Austausch mit anderen uns von diesen
anregen lassen, neue Erkenntnisse zu gewinnen. Andererseits können wir im Austausch mit anderen diese auch zu beeinflussen suchen, sodass der aktive Aspekt hervortritt. Und wenn uns bei der
Sinneswahrnehmung oder beim Austausch etwas befremdlich vorkommt, wird die Resonanz gedämpft oder verstummt, worin der
Entfremdungsaspekt der Resonanz erkennbar wird. Im Modus des
Individuums spielt einerseits ebenfalls der passive Aspekt eine
Rolle, wenn wir von unseren Empfindungen her ergriffen sind, die
uns allerdings auch fremd erscheinen können, sodass der Entfremdungsaspekt aufscheint. Andererseits sind wir bei Beurteilungen
aktiv bei der Resonanzgestaltung. Auch im Modus der Spezies tau-
chen alle drei Resonanzaspekte auf, der passive, wenn unsere Erwartungen uns in eine Stimmung versetzen, der Entfremdungsaspekt, wenn wir bei der Umsetzung unserer Absichten auf Schwierigkeiten stoßen, und der aktive, wenn wir Einfluss auf unsere Umgebung ausüben.

Wenn wir noch genauer hinschauen, müssen wir feststellen, dass der Resonanzkontakt zwar direkt ist, meine Erkenntnistheorie in diesem Sinn zwar eine Kontakttheorie ist, andererseits
wird der Umgang mit diesem Kontakt vermittelt, und zwar im Modus des Genus durch andere, im Modus des Individuums durch einen selbst bzw. durch die eigenen unwillkürlichen Regungen bzw.
Lebensäußerungen und im Modus der Spezies durch unsere Fähigkeiten und Fertigkeiten bzw. die Effektivität unserer Aktivitäten,
also durch unsere Erfahrungen. Insofern ist Erkenntnis bei dieser
Theorie auch vermittelt, und es gibt Kriterien, nach denen wir uns
im Umgang mit dem direkten Kontakt mit der Realität richten. Dass
es etwas gibt, erkennen wir unmittelbar im Kontakt bzw. in der Resonanz mit dem uns Begegnenden. Was es jeweils ist bzw. wie wir
damit umgehen sollen, erkennen wir anhand von Kriterien. Diese
Kriterien sind uns kulturell vorgegeben als Common Sense bzw. als

der „gesunde Menschenverstand" und werden uns während der Erziehung in den ersten Lebensjahren vermittelt. Dass wir diese Kriterien jederzeit einzeln hinterfragen können und gegebenenfalls ändern dürfen, ist die Errungenschaft der Neuzeit, die von Descartes erstmals philosophisch begründet wurde. Das ist sein Verdienst. Es ist allerdings sinnlos, alles insgesamt zu hinterfragen, denn wir brauchen schon für das In-Frage-Stellen Kriterien, und wir müssen mit dem Hinterfragen an irgendeiner Stelle auch aufhören[6], sonst kommen wir nicht mehr dazu, zu leben und lebendig zu sein. Es ist nämlich eine Illusion anzunehmen, wir kämen dadurch irgendwann zu unverrückbaren Wahrheiten, die unhintergehbar sind.

Eine Erkenntnistheorie, die kritisches Hinterfragen propagiert, muss sich fragen lassen, wozu sie dienen soll. Das ist die Sinnfrage, die Frage nach dem Wozu, die Heidegger als ersten Schritt erkannt hat, bevor man nach dem Sein an sich fragen kann (Heidegger, Sein und Zeit, 2006a). Bevor ich nach Erkenntnisgewinnung frage, muss ich erst einmal danach fragen, welchen Zweck Erkenntnis erfüllen soll, Erkenntnis nur um der Erkenntnis willen erscheint absurd. Auch Kant hat das Problem wohl erkannt und als Konsequenz Sein und Sollen getrennt und dadurch zu lösen versucht, dass er zwischen reiner und praktischer Vernunft unterschieden hat. Diese Lösung ist aber zu kurz gegriffen und nicht radikal genug, hat das Problem nicht an der Wurzel gepackt, denn er fragte nur, „Was soll ich tun?", statt wie Heidegger, „Wozu soll ich was tun?" oder „Welche Sorge steckt hinter allem?", um damit zum Ursprünglichen, zum nicht hinterfragbaren, unhintergehbaren, aber damit auch unverfügbaren Fundament von allem Sein zu gelangen.

Dabei geht es nicht nur um die Sorge des eigenen Bereichs, um die Autonomie und Selbstbestimmung und die Abgrenzung gegenüber der Allgemeinheit, gegenüber dem „Man", wie Heidegger es nennt. Indem er zu sehr das Individuelle bzw. das ganzheitliche Selbstverständnis in seiner gesamten Zeitlichkeit betrachtet, geht

---

[6] Das müssen wir auch unseren Kindern vermitteln, die uns sonst ein Loch in den Bauch fragen.

es ihm nur um die Grenze zwischen innen und außen – hier ist Heidegger noch im kartesischen Weltbild verfangen. Es geht nicht nur um die Zeitlichkeit und das Verstehen von sich selbst, sondern auch um die Räumlichkeit bzw. um den Kontakt[7] mit dem Fremden, um es sich vertraut zu machen, das ist hier das Wozu, nämlich die kommunikative Solidarität und die Autonomie, wie Rentsch es formuliert hat (Rentsch, 1999, S. 258). Rentsch betont dabei ebenfalls den Zweck von Analysen, die niemals um ihrer selbst willen sinnvoll sein können, indem er schreibt, dass eine „Anthropologie nicht vor- oder außerethisch konzipiert werden kann" (ebenda, S. I). Das Beispiel der lebenden Zelle macht die Wichtigkeit von Selbstständigkeit, Kontakt und Zweck deutlich: zum einen gibt es hier die Zellmembran, die für ersteres wichtig ist, zum andern geht die Zelle mit ihrer Umgebung in Kontakt, macht sich alle Schwingungen, die aus ihrer Umwelt kommen, vertraut und antwortet mit entsprechenden Frequenzen. Dadurch wird der Wellencharakter der Elementarteilchen in ihrem Inneren geschützt, damit die lebensnotwendigen Quanteneffekte möglich sind. Das Wozu der Zelle ist hier, in der Welt lebendig zu bleiben. Die Bedeutung von Zielen stellt auch Thomas Nagel heraus, wenn er die materialistische neodarwinistische Konzeption der Natur als wahrscheinlich falsch zurückweist und als Alternative eine teleologische Konzeption vorschlägt.

Im kartesianischen Weltbild bzw. in der materialistischen neodarwinistischen Weltkonzeption gelten unmittelbare Kontakt- bzw. Resonanzerfahrungen nichts, weil sie unverfügbar sind, d.h. insbesondere, dass sie nicht beliebig oft wiederholt werden können und daher experimentell unzugänglich sind. Unmittelbare Kontakterfahrungen werden nur dann nicht von Wissenschaftlern belächelt, wenn sie zu Ideen oder Theorien führen, die experimentell bewiesen oder widerlegt werden können, sodass hier Erkenntnisse im wissenschaftlichen Sinne gewonnen werden können. Andererseits aber arbeitet man mit Resonanzversprechen, um Menschen zu motivieren, am gesellschaftlichen Leben teilzunehmen. Derar-

---

[7] Kontakt kommt von lateinisch contangere, sich berühren, und das ist etwas Räumliches.

tige Diskrepanzen wie z.B. die zwischen gefühllosem Experimentieren mit Lebewesen, sowohl Tieren als auch Menschen, und raffinierten Werbetechniken, die uns z.B. die Resonanzerfahrung eines „ruhigen Gewissens" versprechen, wenn wir einen bestimmten Weichspüler verwenden (soll der auch unser Gehirn weichspülen?), sind für mich Zeichen der Entfremdung von unserer tatsächlichen Realität.

In der indischen Kultur als Kontrast, um die generelle Problematik zu verdeutlichen, sind Resonanzerfahrungen als mystische Erfahrungen hochgeschätzt. Aber statt nach Kriterien zu suchen, wie man diese Erfahrungen einordnen sollte, um im praktischen Leben effektiver handeln zu können, wie Wissenschaftler bei uns mit sogenannten Geistesblitzen umgehen, wird jeder Versuch, derartige unmittelbare Erfahrungen praktisch zu nutzen, als sinnlos verworfen. Die einzigen Kriterien, nach denen in der indischen Kultur gesucht wurde, waren diejenigen, mit deren Hilfe man möglichst tiefe mystische Erfahrungen und damit eine Verbindung zum Höchsten bekommen konnte. Diese sammelte man dann in den verschiedenen Richtungen des Yoga (Yoga bedeutet ja Verbindung). Hierin und in alltäglichen Verrichtungen zum Überleben erschöpfen sich die praktischen Umgehensweisen mit dem In-der-Welt-Sein.

Im Umgang mit unmittelbaren Kontakt- und Resonanzerfahrungen finden wir in beiden Kulturen, in der indischen und in unserer westlichen, jeweils Tendenzen, die unsere Liebesfähigkeit fördern und begrenzen. Im indischen Kulturkreis wird die Liebesfähigkeit im Modus des Individuums gefördert, indem das ganzheitliche Selbstverständnis sich im Yoga immer weiterentwickeln kann, und der Buddhismus förderte insbesondere in China und in Japan die Liebesfähigkeit im Modus des Genus, während die Liebesfähigkeit im Modus der Spezies, das autonome effektive Handeln, die tätige Nächstenliebe, als sinnlos betrachtet wurde. Gerade hier hat unsere westliche Kultur enorm viel geleistet, aber Aktivitäten in den beiden anderen Bereichen bzw. Modalitäten abgewertet oder sogar manipulativ wie in der Werbung, aber noch viel gefährlicher in demagogischen Aktionen zu eigenen Zwecken missbräuchlich eingesetzt.

Die Frage, wie wir zu Erkenntnissen gelangen, kann durch Betrachtungen von kindlicher Entwicklung und von Lerntheorien vertieft werden. Allerdings unterscheiden sich Erkenntnisse von Gelerntem dadurch, dass Erkenntnisse immer explizit sind, d.h. insbesondere, dass wir sie an andere weitergeben bzw. ihnen mitteilen können. Erkenntnisse liegen daher in Form von Repräsentationen vor, was aber nicht heißt, dass Repräsentationen die ausschließlichen Gründe aller Erkenntnisse sind. Entwicklungsmäßig beginnt das Lernen damit, dass wir Kontingenzen entdecken können, eine Fähigkeit, mit der wir bereits auf die Welt kommen (Fonagy, Gergely, Jurist, & Target, 2008) und die dasselbe ist wie die Fähigkeit, Resonanz wahrzunehmen. Prinzipiell ist jede Art von Resonanz schon für einen Säugling attraktiv, es gibt dabei aber eine bemerkenswerte Besonderheit, „dass bei einem normalen menschlichen Säugling nach etwa drei Lebensmonaten der Kontingenzentdeckungsmechanismus auf ein anderes Zielsetting »umgeschaltet« wird, so dass er fortan nach hohen, aber unvollkommenen [statt perfekten] Kontingenzgraden sucht" (Fonagy, Gergely, Jurist, & Target, 2008, S. 195), d.h. ab etwa drei Monaten ist dem Säugling der Gegensatz vertraut-fremd erschlossen und er lernt entsprechende Gegebenheiten immer mehr affektiv zu unterscheiden, empfindungsmäßig anhand eigener Regungen zu begreifen und erwartungsvoll vorfühlend mithilfe eigener Überlegungen und Beurteilungen Entscheidungen praktisch umzusetzen in Aktivitäten. Das auf diese Weise Gelernte wird erst ab der Entwicklungsebene des repräsentationalen Selbst (ebenda), also ab etwa vier Jahren, zu Erkenntnissen.

Es gibt, wie oben erwähnt, drei Quellen der Erkenntnis, der kommunikative Austausch mit anderen im Daseinsmodus des Genus, die eigenen Regungen im Modus des Individuums und die Begegnung mit weltlichen Dingen im Modus der Spezies, und weil die drei Daseinsmodalitäten sich in einem absolut dialektischen Verhältnis befinden, hat keine dieser drei Erkenntnisquellen einen Vorrang vor den anderen. Es gibt auch keine absolute Grenze zwischen ihnen, sondern sie gehen ineinander über, der Austausch mit anderen geht über in eine Veränderung der eigenen Regungen und diese moderieren die Begegnung mit weltlichen Dingen, was wiederum den Austausch mit anderen beeinflusst usw...

Bei der „vermittlungsgebundenen Auffassung" des Erkenntnisgewinns, wie Dreyfus und Taylor die Konzeptionen nennt, die sich aus der Descartes´schen Philosophie ergeben (Dreyfus & Taylor, 2016), gibt es nur zwei Erkenntnisquellen, zum einen gründet unsere Erkenntnis „in der Aufnahme im Voraus interpretierter Daten" (ebenda, S. 59) – im Reich der Gründe –, zum andern wird sie verursacht durch die Begegnung mit weltlichen Dingen – im Reich der Ursachen. Zwischen beiden Quellen muss es eine absolute Grenze geben, denn sonst können wir es aufgrund der skeptischen Haltung dieser Philosophie nicht akzeptieren, dass wir die Begegnung grundlos hinnehmen. Sobald wir nämlich durch Interpretation einen Grund gefunden haben, dann können wir ihn ursächlich nur durch eine weitere Begegnung mit weltlichen Dingen gefunden haben, die wir wiederum genauso wenig grundlos hinnehmen können, sodass die Suche nach Gründen und Ursachen dafür unendlich weitergehen müsste. Wenn Kinder von ihren Eltern Gründe gesagt bekommen und ihnen so Erkenntnisse vermittelt werden, fragen sie warum und wollen den Ursachen auf den Grund gehen. Manchmal würden sie das bis ins Unendliche weitertreiben, bis die Eltern dem Ganzen ein Ende bereiten, weil es sinnlos ist.

Eine absolute Grenze zwischen dem Reich der Gründe und dem der Ursachen wirft aber neue Probleme auf. Im Reich der Gründe sind wir absolut frei, kritisches Denken und Interpretieren ist spontan, im Reich der Ursachen sind wir alle absolut gleich. Eine absolute Grenze leugnet unsere tief verwurzelte Sehnsucht nach der Verbindung von beidem, Freiheit und Gleichheit. Kant hat versucht, beides durch den kategorischen Imperativ zu vereinen, was aber allein deshalb schon nicht gelingen kann, weil wir es hier mit einem Beziehungsproblem zu tun haben, welches niemand allein lösen kann. Die Vereinigung von absoluter Freiheit und absoluter Gleichheit kann nur in der vollkommenen Liebe gelingen (Kolb, 2017a, S. 247 ff.).

Diesen Schwierigkeiten und unlösbaren Problemen entgehen wir, wenn wir die im Vorigen erwähnten drei Erkenntnisquellen akzeptieren, da sie sich in einem absolut dialektischen Verhältnis zueinander befinden (zwei vermitteln die dritte und diese zwischen jenen beiden), sodass keine einen Vorrang vor den anderen besitzt. Das Reich der Gründe ist das Reich unserer Konzepte, die insgesamt eine Weltanschauung vermitteln, die wir im Modus des Genus mit anderen diskutieren können, und das Reich der Gründe öffnet sich uns bei der Begegnung mit der Welt im Modus der Spezies. Beide Reiche vermitteln das Reich des Alltagslebens, welches zwischen beiden vermittelt. Wie man leicht sehen kann, gibt es eine absolute dialektische Vermittlung zwischen den drei Reichen, sodass es weder eine absolute Grenze gibt, noch vermitteln Gründe allein Ursachen oder Ursachen allein Gründe. Schließlich können wir auf diese Weise erkennen und uns erklären, dass und wie Erkenntnisse nicht nur gewonnen werden, sondern dass und wie sie sich auch gegenseitig beeinflussen und selbst organisieren.

3. Psychologische und psychoanalytische Begriffe und Theorien

Da Freud die Triebe und damit das Körperlich-Materielle in den Vordergrund der Psychoanalyse gebracht hat, indem er die These vertrat, dass der Neurotiker an der Reminiszenz von unerfüllten Triebwünschen leide, und weil ganz allgemein alle psychoanalytischen Theorien von einem Konfliktmodell psychischer Störungen ausgehen, bei denen unsere Körperlichkeit eine mehr oder weniger große Rolle spielt, werde ich zuerst diesen Daseinsaspekt beleuchten und sein Verhältnis zu den anderen beiden Aspekten des Psychisch-Motivationalen und des Geistig-Idealen, und aufzeigen, welche Bedeutung die verschiedenen Daseinsmodi Genus, Individuum und Spezies in Bezug auf die verschiedenen Aspekte besitzen, also was am Körperlichen, Psychischen und Geistigen ist jeweils individuell, spezifisch oder allgemein.

Weiterhin zeige ich anhand der Entwicklung des Kindes wie bei Fonagy dargestellt (Fonagy, Gergely, Jurist, & Target, 2008), wie sich die Daseinsmodi, die Daseinsaspekte, die Wahrnehmungs- und die Daseinsstrukturen entwickeln, und demonstriere, wann ein Kind die ontologische Differenz zwischen Erscheinung von begegnendem Seienden und zugrundeliegendem Sein bzw. zugrundeliegender Existenz entdecken kann. Zusammenhänge zwischen Liebesfähigkeit, Über-Ich-Bildung und Sublimationsfähigkeit und daseinsanalytische Betrachtungen, was Bewusstsein, Unbewusstes und Träumen bedeuten, sowie Analysen der grundlegenden Sprach- und Erfahrungsebenen runden dieses Kapitel ab, nachdem ich vorher noch die verschiedenen Emotionen analysiere, die auf der Entwicklungsstufe des sexuellen bzw. geschlechtlichen Selbst, wie in „Dasein, um zu lieben" (Kolb, 2017a) und in „Liebe, Macht und Sexualität" (Kolb, 2017c) definiert, immer wichtiger werden.

3.1. Körper, Seele und Geist

Als Begriffe sind die Aspekte des Körperlichen, des Psychischen und des Geistigen – oder kurz Körper, Seele und Geist – Vorstellungen bzw. Repräsentationen der Realität oder von Teilen davon und als solche nicht ableitbar aus der Realität, sondern nur aus dem praktischen Leben, aus unserem Umgang mit der Wirklichkeit des Lebens, nämlich daraus, ob und inwieweit unsere Vorstellungen im praktischen Leben brauchbar sind, wobei brauchbar bedeutet, dass wir uns dadurch möglichst wenig täuschen bzw. enttäuscht sind. Somit stellt sich erst einmal die Frage, wie diese Begriffe im Alltag verwendet werden, was also ihre Bedeutung in der Alltagssprache ist (die Bedeutung ist ja ihr Gebrauch nach Wittgenstein) und was das über uns und unser Verständnis von uns selbst und anderen aussagt.

Wittgenstein meint, wir sprechen dort von Geist (ich denke, er meint hier ein unkörperlich vorgestelltes Wesen, häufig mit menschenähnlichen Zügen und übernatürlichen Fähigkeiten), wo wir etwas vermuten, wo aber nichts ist. „Wo unsere Sprache uns einen Körper vermuten lässt, und kein Körper ist, dort, möchten wir sagen, sei ein Geist." (§ 36) (Wittgenstein, 2001) Wenn wir bei einem Menschen ein Gehirn (einen Körper) mit viel Intelligenz erwarten, wir aber feststellen müssen, dass da nichts ist, zumindest kein Gehirn mit viel Intelligenz, dann heißt das nicht, dass dieser Mensch sehr geistreich ist – hier bezeichnet Geist pauschal alle kognitiven Fähigkeiten des Menschen. Es kann aber sein, dass wir dann erschaudern und ergriffen und aufgeregt sind, was der indogermanischen Wurzel „gheis-" von Geist entspricht. Der Geist der Ahnen kann in bestimmten Gemäuern noch wehen – das erinnert an das griechische „Pneuma", Wind oder Atem. Der Geist der Französischen Revolution hat ganz Europa in Atem gehalten. Der Geist in alkoholischen Getränken, deren Wirkung uns etwas vermuten lässt, was wir nicht sehen, nur riechen können, kann den Geist im Sinne unserer Denkfähigkeit beeinträchtigen. Cavell spricht davon, „dass es einen Geist gibt, in dem Worte gemeint sein können" (Cavell,

2006, S. 602). Der Geist ist hier ein Merkmal einer Sprachgemeinschaft und erinnert an den „objektiven Geist" von Hegel, der sich in Gemeinschaften manifestiert, so wie dieser Begriff auch in Max Webers Rede vom „Geist des Kapitalismus" verwendet wird. Geist ist im Sprachgebrauch also etwas Individuelles, wenn ich von meinem Geist rede und dem, was ich denke und meine, er ist etwas Spezifisches von mir, wenn ich damit meine kognitiven Fähigkeiten und Fertigkeiten meine, und er ist etwas Generelles, wenn er einer Gemeinschaft gegenübersteht, die sich an ihm orientiert. Da er als Orientierung eine Richtung gibt und so auf etwas Höheres hinweist (und im Christentum als der Heilige Geist alle Menschen vereint, damit sie zurück zu Gott finden), kann man ihn als Aspekt der Rückkehr zur vollkommenen Liebe (s. 2.2) bezeichnen. Interessant ist auch, dass *der* Geist männlich ist, was dem traditionell männlichen Anführer entspricht, dem so genannten „Task-Leader" in der Sozialpsychologie, der eine Gemeinschaft vor äußeren Gefahren schützt und Ressourcen aus der Umwelt besorgt.

Dagegen ist *die* Seele weiblich, und als die Seele *in* einer Gemeinschaft – im Gegensatz zu einem Geist, der *über* oder einer Gemeinschaft *gegenüber*steht – entspricht sie dem so genannten „Social-Emotional-Leader" in der Sozialpsychologie, der innerhalb einer Gemeinschaft für Harmonie sorgt und dafür, dass sich alle möglichst wohl fühlen. Die Seele ist das Charakteristikum aller belebten Wesen und damit ein Symbol für lebendige Dynamik und für das Leben insgesamt; und das, was Mensch und Tier lebendig macht, sind die Empfindungen bzw. die Befindlichkeit, weil sie die Beziehung zu ihrem jeweiligen In-der-Welt-Sein konstituieren. Insofern werden Seele und Psyche auch synonym verwendet. Im Gegensatz zum Geist, der nach oben strebt, ist die Seele tiefgründig. Es ist so, „als sei es ein unumstößlicher grammatischer Punkt, dass eine Seele mindestens so hoch auf der Skala des Seienden anzusiedeln ist wie der Körper, in dem sie gerade steckt. Die Seele mag unter ihr Niveau gehen, aber niemals darüber hinaus. Sie kann nur heruntergezogen werden." (Cavell, 2006, S. 603) Im Märchen z.B. schlüpft eine menschliche Seele nie in ein höheres Wesen wie eine

Fee oder einen Engel, sondern nur in Tiere, Pflanzen oder sogar Gegenstände. Worte sind in einem bestimmten Geist gemeint und können etwas Seelisches ausdrücken. Die Seele ist im Sprachgebrauch etwas Individuelles, wenn ich damit meine Lebendigkeit und meine Empfindungen meine, sie ist etwas Spezifisches, wenn sie mir je nachdem Kraft und Motivation gibt, einen Plan bzw. eine Handlung durchzuführen, und sie ist etwas Generelles, wenn sie als Seele in einer Gemeinschaft gemeinsame Werte schafft, so dass gemeinsame Ziele verfolgt werden. Die Seele gibt also insgesamt die Kraft, damit die vom Geist vorgegebene Rückkehr zur vollkommenen Liebe vollzogen werden kann. Daher habe ich die Seele bzw. die Psyche als den Aspekt der Dynamik der vollkommenen Liebe bezeichnet (s. 2.2).

Hier wird deutlich, dass Geist und Psyche zusammenarbeiten müssen, damit die Entwicklung des Daseins in Richtung vollkommener Liebe geht. In ihrer Tiefgründigkeit geht die Seele hinunter bis zum geringsten Lebewesen und bündelt so alle Kräfte, um zur Liebe zu gelangen. In der griechischen Mythologie wird die Tiefgründigkeit der Seele dadurch ausgedrückt, dass sie nach dem Tod in die Unterwelt geht, so wie Jesus nach seinem Tod auch erst hinab gefahren ist in die Hölle. Wenn wir uns Seele und Geist parallel zu Frau und Mann vorstellen, dann ist in dem Zusammenhang, dass die Seele tiefgründig eine Verbindung mit dem Totenreich und dem Tod eingeht und der Geist nach oben zu Gott und dem Ursprung des Lebens tendiert, die folgende Vorstellung passend: die Frau erlebt im Orgasmus eine Hingabe wie im Tod, während der Mann im Orgasmus auf die „primitivste Stufe der Objektbeziehung" (Balint, 1988, S. 128 unten) regrediert, das heißt auf die ursprünglichste Stufe der Existenz, wie sie zu Beginn seines Lebens, seiner ursprünglichen Unverfügbarkeit vorherrschte. Im Orgasmus verbindet sich die Frau also mit dem Tod, und der Mann strebt empor zum Anfang allen Lebens. Was beim Orgasmus des Mannes geschieht, ist bei Balint ganz gut beschrieben (ebenda), während der Orgasmus der Frau zum Beispiel im Mythos von Persephone und Hades als Tod dargestellt wird. Auch der keltische Mythos vom Harlekin deutet den Tod als ultimativen Orgasmus der Frau (McClelland,

2006). Man könnte es auch so formulieren: Der Mann strebt im Orgasmus zum göttlichen Ursprung des Lebens hin, während die Frau
sich im Orgasmus dem Tod und damit ihrer Sterblichkeit hingibt.
Indem sich beides zusammenfügt, Anfang und Ende des Lebens,
Mann und Frau, Geist und Seele, kann einer befruchteten körperlichen Eizelle neues Leben eingehaucht werden. So entsteht der
durch die Gesetze von Anfang und Ende begrenzte Raum, der
Rhythmus des Lebens. Passend dazu heißt es bei Jaucourt: „[...]
Rhythmus ist nichts anderes als ein durch bestimmte Gesetze be-
grenzter Raum." (Naumann, 2005, S. 50).

Der menschliche Körper stellt den materiellen Aspekt des
Menschen dar. Über sein Verhältnis zu Seele und Geist gibt es entsprechende Mythen bzw. Entstehungsgeschichten. Für unsere
christliche Kultur ist die biblische Schöpfungsgeschichte prägend:
Der Körper als Lehmmasse wird durch den Atem Gottes beseelt und
zugleich begeistert, und durch den Sündenfall, als Adam und Eva
vom Baum der Erkenntnis aßen – hier kommt der Körper und das
Materielle ins Spiel, dem der Zweifel, *verkörpert* durch die
Schlange, eine falsche Funktion zugeschrieben hat, nämlich dass
das Materielle dasselbe vermittelt wie Gott, dass es Adam und Eva
glücklich machen kann –, teilte sich dieser ursprüngliche und vollkommene Seelengeist (der Atem Gottes) auf in das, was wir heute
Seele und Geist nennen.

Wenn der Körper und das Materielle verabsolutiert wer-
den, geraten Psyche und Geist in einen immer größer werdenden
Gegensatz und Widerspruch zueinander. Diese Entzweiung oder
Absonderung von Geist und Seele ist der Ursprung des Bösen bzw.
der Sünde, die Erbsünde, weil diese Trennung von Geist und Seele
sich immer weitervererbt hat. Hier hat der Mensch geteilt, was von
Gott her eins war. Beides wieder zusammenzufügen zum göttlichen
Seelengeist ist unsere Aufgabe, die wir nur „im Schweiße unseres
Angesichts" lösen können, also nur mit Hilfe unserer materiell-kör-
perlichen Grundlage, der wir wieder die wahre Bedeutung geben
sollen und die uns immer wieder mit schonungsloser Offenheit

zeigt, an welcher Stelle wir uns gerade in unserer Entwicklung befinden bzw. in welcher Hinsicht Geist und Seele noch getrennt und
gegensätzlich sind.

Da der Geist männlich und die Seele weiblich sind, geht es
so betrachtet um die gleichberechtigte Vereinigung von Mann und
Frau. Wenn Heidegger vom befindlichen Verstehen redet und Wittgenstein die Sprache nicht nur als Mittel der Gedankenübertra-
gung, sondern auch als Ausdrucksweise von Empfindungen sieht,
so kann man darin jeweils dieselbe Tendenz erkennen, nämlich das
Bestreben, diese Vereinigung von Geist und Seele herzustellen, was
meiner Analyse nach nur im echten und unmittelbaren Verstehen
des Worumwillens unseres Seins, also nur in der vollkommenen
Liebe möglich ist. Solange Seele und Geist sich noch gegensätzlich
gegenüberstehen, offenbart der menschliche Körper die entsprechenden Gegensätze und stellt damit die Entfremdung der Liebe (s.
2.2) dar.

Der menschliche Körper ist in diesem Mythos von Adam
und Eva bzw. in dieser Vorstellung das vermittelnde Element zwischen Seele und Geist, mithilfe dessen Geist und Seele wieder zueinander finden können, nachdem sie ursprünglich durch die Ver-
absolutierung des Körpers getrennt wurden. Diese Entstehungsgeschichte passt zu Wittgensteins Vorstellung, dass der „menschliche
Körper [...] das beste Bild der menschlichen Seele" (Wittgenstein,
2001, S. 1002, PU 496) ist. Der menschliche Körper ist insofern individuell, als ich ihn als den meinen wahrnehmen kann, er ist insofern spezifisch, als er sich auf eine bestimmte Weise entwickelt
hat und immer weiter entwickelt, mit bestimmten Fähigkeiten und
Fertigkeiten, die jeweils entstehen und vergehen, und er ist insofern generell, als er bei allen Menschen aus den gleichen Atomen
und Molekülen aufgebaut ist, von allen als menschlicher Körper erkannt wird und in ähnlicher Weise etwas Geistiges oder Seelisches
ausdrücken kann.

Solange ich meine Körperlichkeit als vermittelndes Element
zwischen Seelischem und Geistigem auffasse und an der körperlich
wahrnehmbaren Selbst-Betroffenheit mich derart orientiere, dass
ich immer mehr auf die Harmonie von Seele und Geist achte und

das Ziel der Einheit von beidem anstrebe, bin ich in meinem Rhythmus, bei dem die Modi Genus, Individuum und Spezies in ähnlicher Weise wiederkehren und sich abwechseln. Dann bin ich auf dem Weg zur vollkommenen Liebe.

Die beiden hauptsächlichen Wahrnehmungsweisen unseres Körpers als Konstellation von Teilen und als lebendige Ganzheit – lebendig heißt, dass wir dieser Ganzheit eine Beziehung zu ihrem In-der-Welt-Sein unterstellen – habe ich als grob- und feinstofflich bezeichnet (Kolb, 2017b). Diese Aspekte bzw. Strukturen des menschlichen Körpers, das Grobstoffliche und das Feinstoffliche bzw. Körper und Leib bei Schmitz (Schmitz, 2011) betreffen nur die Wahrnehmung des Materiellen, nämlich ob wir ein Raster anwenden und das Wahrgenommene demgemäß in voneinander unabhängige Einzelheiten zerbrechen und dann deren Konstellation möglichst ohne Empfindungen analysieren, oder ob wir das Wahrgenommene ganz lassen und uns von bestimmten Hinweisreizen ansprechen lassen, denen wir lebendige Gestalten, d.h. Gestalten, denen wir eine Beziehung zu ihrem In-der-Welt-Sein unterstellen, aus unserem Gedächtnis zuordnen, so dass wir unsere Affekte bzw. unsere Betroffenheit, die das Wahrnehmen bzw. Unterscheiden bei uns auslöst, möglichst umfassend begreifen können, sodass daraus die Empfindung der Selbst-Betroffenheit wird.

Beim Begreifen der Körperlichkeit als vermittelndes Element zwischen Seelischem und Geistigem habe ich zuvor meinen Körper feinstofflich wahrgenommen, bestimmte Hinweise zeigen mir die lebendigen Gestalten meiner Seele und meines Geistes auf, und nur so kann ich meinen Körper intuitiv als Abbild von Seele und Geist und deren Verhältnis zueinander auffassen.

Der menschliche Körper weist aber noch eine weitere Besonderheit auf, die wir bisher noch nicht beachtet haben: wir können weibliche und männliche Körper unterscheiden, so wie es auf der Ebene der individuellen Einstellungen das männliche und das weibliche Prinzip gibt, welches sich jeweils auf der Entwicklungsebene des geschlechtlichen Selbst (Kolb, 2017b) immer mehr manifestiert. Das weibliche Prinzip, dass es notwendig ist, die eigenen Belange erst einmal hinzugeben und zuerst den anderen zu helfen, also bildlich gesprochen erst einmal hinabzusteigen zu denjenigen, die noch nicht so weit entwickelt sind, um sich selbst zu helfen, entspricht mehr der Seele, die sich fortwährend und dynamisch für das Erreichen der vollkommenen Liebe einsetzt, während das männliche Prinzip, dass es notwendig ist, erst einmal die eigene Position zu konsolidieren, bevor man andere unterstützt, bildlich gesprochen erst einmal aufzusteigen zu entsprechend hohen Fähigkeiten und Fertigkeiten, um dann erst richtig und viel effektiver helfen zu können, mehr die Haltung des Geistes ausdrückt, der danach strebt, zurück zur vollkommenen Liebe zu finden.

Wenn Eva in dem Mythos von Adam und Eva aus einer Rippe von Adam erschaffen wird, dann lässt sich das folgendermaßen interpretieren: Adam wurde aus Lehm gebildet, der noch durch Gottes Atem veredelt werden musste, während Eva von ihrer Grundsubstanz schon edel war und nur noch entsprechend geformt werden musste. Adam mit seinem männlichen Körper war von seiner Herkunft aus betrachtet von unten aus der Erde gekommen und strebte nach oben zum Göttlichen, während Eva von oben aus der göttlichen Idee kam, dass das Alleinsein von Adam nicht gut sei, und nach unten zur dynamischen Unterstützung von Adam strebte. Insofern verkörperte Adam das Geistige und Eva das Seelische. Beide waren anfänglich körperlich vereint, entfremdeten sich dann aber durch den Zweifel verkörpert durch die Schlange, wie der Fortgang des Mythos zeigt.

Wenn man sich jetzt nur auf das Böse konzentriert, was im Mythos von Adam und Eva durch die Schlange symbolisiert ist, indem diese zum einen das schöne, sich schlängelnde Haar und damit die Schönheit von Eva, auf die sie sich etwas einbildete, nämlich so unwiderstehlich wie Gott zu sein, und zum anderen den sich von oben her schlängelnden Geistesblitz von Adam bedeutet, er könne so mächtig wie Gott sein, dann könnte man auf die Idee kommen, man müsse nur Evas Schönheit und ihre Haare verhüllen, also sie ein Kopftuch tragen lassen, wie dies teilweise im Islam gefordert wird. Dann müsste man aber auch konsequenterweise fordern, dass Männer sämtliche Status- und Potenzsymbole bescheiden verstecken oder verhüllen. Derartige Ideen sind zwar verständlich und von der guten Absicht geleitet, das Böse aus der Welt zu schaffen, sie greifen aber insofern zu kurz, weil sie nichts am Unwissen der Menschen ändern, von dem es ja abhängig ist, dass eine leidenschaftliche Willensregung entsteht, sodass Psyche oder Geist angezweifelt werden und so das Böse sich in der Materie manifestiert. Eine derartige Manifestation kann nicht durch Verhüllen, Verdrängen oder Verleugnen verhindert werden.

Cavell hat sich im Unterschied zu der Geschichte von Adam und Eva einen ganz anderen Mythos ausgedacht (Cavell, 2006, S. 603 ff.), was die Entstehungsgeschichte unseres Körpers betrifft: Menschen seien ursprünglich körperlose Wesen gewesen, die sich gewisse Gestalten, menschliche Gestalten, ausgesucht hätten, in die sie hineingeschlüpft seien, teils aus Jux und Tollerei, teils weil sie einen gewissen Nutzen daraus gezogen hätten. Anfänglich habe man jederzeit den Körper, die Gestalt wechseln können, nur wenn man zu lange eine Gestalt angenommen habe, habe man die Gestalt nur noch durch den Tod des Körpers wechseln können. Inzwischen sei der Trick, in Gestalten zu schlüpfen, verschwunden, und jeder sei ein Leben lang an seinen Körper gebunden.

Ohne einen Menschen sei die menschliche Gestalt ein Zombie, aber man könne dies nicht von einem Menschen in menschlicher Gestalt unterscheiden, es sei denn, man öffnete den Körper und schaute nach. Allerdings habe die Natur vor der Geburt eine Körperschale so kunstvoll um den Körper gebildet, dass niemand mehr eine menschliche Gestalt von einem Menschen unterscheiden könne. „Die Schale wurde hauchdünn, und würde man sie öffnen, fände man kein getrenntes menschliches Wesen, sondern bloß, was man zu finden erwarten würde, wenn man einen altmodischen Menschen ohne Schale öffnen würde." (ebenda, S. 604) Da das Wissen um diese Vorkommnisse vergessen worden sei, „scheint es sogar schwer vorstellbar, wie wir jemals auf die Idee verfallen konnten, dass jemand da drinnen ist, dass wir die wahre Sachlage erfasst haben." (ebenda, S. 605) Und wenn Menschen heute sagen, es sei niemand drinnen im Körper, „das hält nur den Drang nachzuschauen wach. [(Absatz)] Halten wir uns selbst für (möglicherweise) bewohnte Körper, für Menschen in nicht abzustreifender menschlicher Gestalt?" (ebenda) Der menschliche Körper erscheint also als ein Hindernis, der unseren Blicken verbirgt, was im Inneren eines Menschen vorgeht.

Damit stellt dieser Mythos eine Vorstellung des menschlichen Körpers in den Raum, die uns entmutigt und die Motivation nimmt, unser Getrennt-Sein von anderen zu überwinden. Wir sind in der Annahme dieser Vorstellung auch hoffnungslos von uns selbst getrennt: „ich kann sowenig meiner selbst intim habhaft werden wie du. Und die Erinnerung wäre hier auch nur ein Strohhalm. Niemand von uns erinnert sich an seine Geburt, obwohl jeder von uns weiß, dass er, wenn mir der Ausdruck erlaubt ist, gebürtlich ist. Oder etwa nicht?" (ebenda) Unser Körper ist uns entfremdet, wir nehmen ihn in Besitz wie ein Kleidungsstück, und er versperrt uns die Möglichkeiten, sowohl den anderen als auch uns selbst zu erkennen. „Damit erhält das Problem des Fremdpsychischen wieder einmal eine bekannte erkenntnistheoretische Form, die von Kant in der Nachfolge Lockes und Leibniz' hinterlassene Form, der zufolge ich in den Kreis meiner Erfahrungen eingeschlossen bin, ohne je (aus eigener Kraft) zu wissen, ob diese Erfahrungen mit einer unabhängigen Wirklichkeit übereinstimmen." (ebenda, S. 606)

Wenn ich diese Vorstellung in Bezug auf mich selbst annehme, „dann möchte ich diesem Körper [...] nicht entkommen, um [...] seine Reaktionen mit meinem Inneren zu korrelieren [...], ich möchte meine Reaktionen vielmehr offenlegen. [...] Warum aber sollte ich das wünschen wollen, es vielleicht heftig genug wünschen, um dafür zu sterben, indem ich diesen Körper verlasse?" (ebenda) Wenn Cavell an dieser Stelle vermutet, dass es vielleicht darum geht, erkannt bzw. anerkannt zu werden, um eine Bestätigung „der Existenz meines Leidens und meines Tuns" (ebenda) zu erhalten, dann muss ich nur die Perspektive eines misshandelten oder missbrauchten Kindes einnehmen, und alles passt perfekt zusammen. Wenn mir als einem derart misshandelten Kind nicht geglaubt wird, dann ist es die Regel, „dass ich nicht an die Äußerung meiner selbst glaube, an meine Fähigkeit, mich so zu präsentieren, dass mir Anerkennung zuteil wird" (ebenda, S. 607). Aus dieser Perspektive heraus gebe ich auf und äußere nichts mehr, indem ich zu mir sage: „Es nicht zu tun, dafür gibt es einen guten Grund. Du könntest entdecken, dass du nicht wichtig bist." (ebenda, S. 608)

Wenn wir aus der Perspektive des Missbrauchs den gesamten Mythos von Cavell noch einmal betrachten, dann schildert er die Geschichte, wie sich ein Missbrauch ereignen kann. Der Täter, ein erwachsener Mensch, benutzt einen menschlichen Körper, nämlich ein schutzloses kleines Kind, um seinen Spaß daran zu haben. Dabei hält er das Kind häufig für ein empfindungsloses Wesen, einen Zombie, der hinterher nichts mehr weiß und dem das alles nichts ausmacht. Je länger er das macht, desto schlimmer die Folgen, bis das Kind in seinem misshandelten Körper hoffnungslos gefangen ist und am liebsten nur noch sterben möchte, um dem Ganzen zu entkommen. „Der da drinnen erleidet alles, was dem Körper zustößt, und noch mehr." (ebenda, S. 605) (Eine grausamere Interpretation wäre, dass der Täter, wenn er zu lange ein Kind missbraucht hat, fürchtet, durch das Kind überführt zu werden oder anderweitig von dem Kind abhängig zu sein, und deswegen das Kind tötet.)

Wenn das Kind dann erwachsen ist, sind die Zeiten des Missbrauchs zwar schon lange vorüber, aber alle, „die jetzt in einer menschlichen Gestalt stecken, sind ein Leben lang daran gebunden" (ebenda, S. 604), sie müssen ein Leben lang mit dieser schrecklichen Erfahrung leben, auch wenn jegliche Evidenz dafür fehlt, die Erfahrung also abgespalten oder verdrängt ist. Aber obwohl sie sagen oder sagen möchten »Da ist niemand drinnen«, wird der Drang nachzuschauen trotzdem wach bleiben. Um das Trauma des Missbrauchs zu verarbeiten, reicht es nicht aus, „bloß anzuerkennen, wie es um einen selbst steht, und folglich anzuerkennen, dass man sich wünscht, der andere möge sich darum kümmern, zumindest darum, es zu wissen. Es heißt auch anzuerkennen, dass deine Äußerungen tatsächlich dich zum Ausdruck bringen, dass es deine sind, dass du in ihnen enthalten bist. Das bedeutet, du musst es zulassen, verstanden zu werden, etwas, was du stets unterdrücken kannst. Es nicht zu unterdrücken heißt, wie ich sagen möchte,

deinen Körper und den Körper deiner Äußerungen als deinen anzuerkennen, als das, was du hier auf Erden bist, als alles, was es je von
dir *geben wird*." (ebenda, S. 608) Wenn der Körper also als Hindernis empfunden wird, Menschen (sich selbst oder andere) zu erkennen, dann kann dies ein Indiz dafür sein, dass die betreffende Person in ihrer Kindheit misshandelt oder missbraucht wurde bzw.
Zeuge war, als dies einem anderen Menschen geschah.

Wenn ich meinen Körper als Hindernis erachte, dann
nehme ich ihn grobstofflich als Konstellation von Einzelheiten wahr,
in die ich ihn zerbrochen habe oder in die er zerbrochen wurde. Im
Grunde genommen ist dann aber nicht mein Körper das Hindernis,
sondern das Raster, mit dessen Hilfe er zerbrochen wurde. Es ist
wie mit einem Spiegel: solange er ganz ist, kann ich mich selbst darin sehen, ist er zerbrochen, ist mein Bild entstellt, und ich kann
mich nicht mehr richtig erkennen. Wenn mein Körper für mich ein
Hindernis zu sein scheint, dann ist mein Rhythmus gestört bzw. ich
bin aus meinem Rhythmus gebracht, denn der Prozess, bei dem ich
immer wieder die drei Modi Genus, Individuum und Spezies durch-
laufe ist unterbrochen bzw. wird behindert und zwar an der Stelle,
an der ich vom Modus der Spezies in den des Genus wechsle, denn
hier kommt der Moment, bei dem ich normalerweise wahrnehmen
würde, was mein Handeln als Spezies für Ergebnisse erzielt hat.
Wenn mein Körper aber ein Hindernis darstellt, meine Seele und
meinen Geist zu erkennen, dann kann ich diese Handlungsergeb-
nisse nicht mit meinen geistigen Erwartungen aufgrund meiner
seelischen Ergriffenheit vergleichen und begreifen, ob und inwieweit ich mich getäuscht habe. Wie auch immer ich handle, ich kann
mich nicht mehr als Teil einer Gemeinschaft fühlen, mein misshan-
delter oder missbrauchter Körper verhindert den Übergang vom
Modus der Spezies in den des Genus, und dass ich mit anderen über
meine schrecklichen Erfahrungen rede.

Kehren wir zurück zu der alternativen Vorstellung, dass der
menschliche Körper das beste Bild der menschlichen Seele ist, bzw.
dass unser Verhältnis zu oder unsere Vorstellung von ihm uns zeigt,
welche Konflikte zwischen Seele und Geist noch nicht gelöst sind.
Den Konflikt, den uns unser Bezug zu unserem Körper deutlich

macht, wenn wir ihn als Hindernis empfinden, Menschen zu erkennen, können wir so umreißen, dass unsere Seele sich wünscht, verstanden zu werden, unser Geist dies aber unterdrückt. Die Gründe für die jeweiligen Positionen von Seele und Geist sind oben geschildert und Möglichkeiten der Konfliktlösung sind zumindest grob angedeutet worden.

Was für eine Art von Konflikt wird deutlich, wenn jemand seinen Körper als Besitz oder gar als Leibeigenen versteht, wenn es ihm ganz wichtig ist, „dass der eigene Körper nicht einem fremden Willen untertan ist" (ebenda, S. 608 f.), auch wenn daraus noch nicht zwingend folgt, „dass der eigene Körper dem eigenen Willen unterworfen sein soll" (ebenda, S. 609)? Hier geht es meines Erachtens um ein Machtstreben, das entweder vom Geist oder von der Seele ausgeht und so einen Konflikt zwischen beiden heraufbeschwört. „Jede Vorführung oder jede Tat kann durch Willen oder durch Anmut zustande kommen" (ebenda), also entweder durch Macht- (Wille) oder durch Harmoniestreben (Anmut). Wenn etwas gewollt ist, dann liegen Seele und Geist im Streit und das Ganze ergibt nur einen „Wulst", wenn dagegen Seele und Geist miteinander harmonieren, dann ist das Ganze gekonnt und damit Kunst.

Wenn Seele und Geist in Harmonie sind, dann haben wir nichts zu verlieren, weil uns alles und nichts gehört, und somit sind wir wirklich frei. Wenn ein Imperativ technisch nützlich oder hypothetisch angenehm ist im Sinne von Kant (Kant, Grundlegung zur Metaphysik der Sitten, 1785 (A), zweite Auflage 1786 (B)), dann dominiert entweder der Geist oder die Seele. Nur beim kategorischen Imperativ sind Seele und Geist im Gleichgewicht, und wir sind frei. Damit wird klar, dass der kategorische Imperativ von Kant, das taoistische Wu wei (absichtsloses Tun), die absolute Harmonie bzw. Einheit von Geist und Seele, das echte und unmittelbare Verstehen des Worumwillens unseres Seins, also das vollkommene Lieben und das Absolute Nichts (s. 2.2) alle auf dasselbe hinauslaufen.

Unsere Körperlichkeit zeigt sich nicht nur an uns, sondern wir drücken sie in verschiedenen Kulturprodukten aus, z.B. in Puppen, Statuen und Robotern, die unsere Körperlichkeit teils darstellen, teils ihre Funktionen übernehmen: Schaufensterpuppen zeigen, wie Kleidung an uns aussehen kann, Statuen erinnern uns an bestimmte Persönlichkeiten und mahnen uns vielleicht, und Roboter und Maschinen übernehmen bestimmte Arbeiten und ersetzen so unseren Körper. Wir haben einen bestimmten Umgang mit Puppen, mit denen wir z.B. spielen, mit Statuen, die wir auf ein Podest stellen, und mit Robotern und Maschinen, die wir konstruieren und bauen. Was aber lassen sich daraus für Rückschlüsse ziehen, wie wir mit uns selbst und anderen teilweise umgehen!?

Diese Thematik habe ich ausführlich in „Gedanken zu Stanley Cavells "Der Anspruch der Vernunft"" (Kolb, 2012) abgehandelt, so dass ich mich hier kurz fassen kann: Der für mich wesentliche Schluss, den ich aus dem dort Aufgezeigten bezüglich Puppen, Statuen und Robotern gezogen habe, ist der, dass aufgrund des absolut dialektischen Vermittlungsverhältnisses (s. 2.1) weder das Seelisch-Motivationale, noch das Geistig-Ideale, noch das Körperlich-Materielle, also weder Seele, Geist, noch Körper irgend einen Vorrang haben, was unser Menschsein betrifft, dass wir aber immer wieder dazu neigen, entweder das Seelische, das Geistige oder das Körperliche zu überschätzen und den anderen Aspekten unseres Menschseins eine zu geringe Wertigkeit zu geben.

Wenn wir unseren Körper überbewerten, dann putzen wir uns und unsere Kinder wie Puppen heraus, achten narzisstisch nur auf äußerliche Schönheit, die wir aber nie erreichen, sodass es uns wie Tantalos ergeht, der sein (inneres und auch sein tatsächliches) Kind den Göttern geopfert hat – so wie wir, wenn wir uns und unsere Kinder zu Puppen machen – und dessen Strafe, die Tantalos-Qualen, darin bestand, dass er alle Freuden des Lebens um sich herum zwar sah, aber nichts erreichen konnte, wenn er danach griff, und dieses Getrennt-Sein erzeugt **Hoffnungslosigkeit** und Leid.

Mit der Vergötterung äußerlicher Schönheit verleugnen wir deren Vergänglichkeit und den Tod. Wenn wir aber unseren Körper abwerten, dann bringt uns das in die Lage, beweisen zu müssen, dass wir seelisch oder geistig etwas Besonderes, also gut und nicht böse oder klug und nicht dumm sind. Wir fixieren uns geistig auf etwas, werden starr wie Statuen, müssen ständig unsere Fortschritte dokumentieren, versuchen, die Grenzen unseres Lebens zu überlisten, und werden zu Sklaven des Fortschritts, den wir wie Sisyphos, der den Tod überlistet hat, wie einen schweren Stein immer wieder auf den (Leistungs-)Gipfel eines Berges hochwuchten müssen, von dem er immer wieder hinunterrollt. So agieren typischerweise Männer, wenn sie die traditionelle Männerrolle übernommen haben, mit dem Gefühl der **Überforderung** bzw. Wut. Wenn wir dagegen beweisen wollen, dass wir vom Seelischen her gut sind, was der traditionellen weiblichen Rolle entspricht, entwickeln wir ein Helfersyndrom, d.h. wir sorgen für andere und vergessen unsere eigenen Wünsche, Bedürfnisse und Belange, sodass wir uns früher oder später immer **hilfloser** und damit ängstlicher fühlen.

Zur Veranschaulichung der beiden letzten Haltungen mag folgende Geschichte dienen: Ein Lehrer fragt drei seiner Schüler, was sie tun würden, wenn sie eine mit viel Geld gefüllte Geldbörse auf der Straße finden würden. Als der erste antwortet, er würde sofort alles tun, damit der rechtmäßige Besitzer seine Geldbörse zurückbekommt, sagt der Lehrer zu ihm: „Du Heuchler!" Als der zweite antwortet, er würde natürlich die Geldbörse behalten, sagt der Lehrer zu ihm: „Du Verbrecher!" Aber als der dritte antwortet, er würde Gott darum bitten, dass er ihm die Kraft gebe, das Richtige zu tun und dem rechtmäßigen Besitzer die Geldbörse wiederzugeben, sagt der Lehrer: „Das ist die richtige Haltung, wenn man seine seelischen, geistigen und körperlichen Schwächen kennt, aber sich ihnen weder von der Seele, vom Geist noch vom Körper her überlässt."

Der Heuchler bzw. Idealist achtet nur auf seine moralische Wirkung, indem er glaubt beweisen zu müssen, dass er gut und nicht böse ist, er bewertet das Psychisch-Motivationale und die Reinheit der Seele zu stark und hält dies wie ein Dogmatiker für das Primäre. Der Verbrecher bzw. Materialist will beweisen, dass er klug und nicht dumm ist, er überschätzt damit den Geist und glaubt, er könne allein mit klugem und vernünftigem Denken und Handeln seine materiellen Bedürfnisse befriedigen und müsse sonst nichts beachten, und nur der dritte Schüler weiß um die Schwächen und Stärken von Körper, Geist und Seele, bewertet alle gleichermaßen und setzt sie alle ein, um das Richtige zu tun: Gott zu bitten, bedeutet, Seele und Geist zu vereinen (Gottes Atem war ja die Einheit von Seele und Geist, mit der er Adam belebte), so dass das Selbst nicht zerrissen ist, sondern eine Einheit bildet, um damit der Kraft und Energie seines Körpers die richtige Richtung geben zu können für die entsprechende Tat.

Körper, Geist und Seele müssen als verschiedene Aspekte eines Menschen zusammen gesehen werden, wenn wir das Mensch-Sein immer besser verstehen wollen. Wenn wir vollkommen lieben würden, also das utopische Ziel erreicht hätten, dass wir das Worumwillen von allem Seienden echt und unmittelbar verstünden, dann sähen wir im Körper den Aspekt der Entfremdung der vollkommenen Liebe, im Geist den Aspekt der Rückkehr zur vollkommenen Liebe und in der Seele den dynamischen Aspekt der vollkommenen Liebe, so dass Körper, Geist und Seele als Einheit erkennbar wären. Je mehr man umgekehrt Körper, Geist und Seele zusammen als Einheit sehen kann, desto mehr versteht man die Dynamik im Seelischen, das Richtung-Gebende im Geistigen und das bildhaft Zeigende des Verhältnisses von Geist und Seele im Körperlichen, inwieweit und inwiefern Seele und Geist noch einander entfremdet sind. Diese Wahrnehmung bzw. Unterscheidung kann nur feinstofflich sein. Um immer mehr Harmonie, Vertrautheit und Einheit zwischen Geist und Seele zu erreichen und damit auch im Körperlichen, braucht man immer mehr das echte und unmittelbare Verstehen des Worumwillens sowohl des eigenen als auch des Seienden von allem, da das eigene Dasein ein In-der-Welt-Sein ist und daher mit allem anderen Seienden zusammenhängt. Wir brauchen also immer mehr die vollkommene Liebe, und im strebenden Bemühen um Harmonie, Vertrautheit und Einheit zwischen den Aspekten Seele und Geist entwickeln wir uns immer mehr in Richtung vollkommener Liebe, und das sorgt auch für unser körperliches Wohlbefinden, wodurch wir ein wichtiges Kriterium dafür besitzen, ob wir uns auch tatsächlich in die richtige Richtung bewegen.

3.2. Entwicklungsaspekte des Daseins

An dieser Stelle will ich lediglich rekapitulieren, was ich schon früher zur Entwicklung des Kindes aus daseinsanalytischer Sicht in meinen drei Büchern „Dasein, um zu lieben" (Kolb, 2017a), „Rhythmus, Intuition und Liebe" (Kolb, 2017b) und „Liebe, Macht und Sexualität" (Kolb, 2017c) ausführlicher beschrieben habe.

Direkt nach der Geburt ist der Säugling lediglich eine Erweiterung der Mutter und nur im Modus des Genus als Objekt der Materie (sinnlich-affektive Wahrnehmung) und psychisches Subjekt (angeborene Kontingenzentdeckungsfähigkeit) rudimentär entwickelt, die restlichen Funktionen im Modus des Genus und die in den beiden anderen Modi muss seine Mutter voll und ganz für ihn übernehmen. Generell ist die gesamte Entwicklung nur möglich mithilfe der Mutter oder anderer wichtiger Bezugspersonen, ein Mensch entwickelt sich niemals allein.

Auf der Ebene des physischen Selbst entwickelt das Kind im Modus des Genus als psychisches Subjekt mithilfe seiner Kontingenzentdeckungsfähigkeit zusammen mit seiner Mutter eine Kommunikationsebene mit ihr und erste Funktionen in den anderen beiden Modi Individuum und Spezies. Insbesondere gibt es schon eine erste Differenzierung bei den Emotionen, die es als Objekt der Psyche empfindet und als Objekt des Geistes fühlt aufgrund des rudimentär begriffenen Affekts der Faszination. Zur Wiederholung von Aktivitäten motivierende Empfindungen von Freude (individuell) und dazu konkret auffordernde Erwartungen und Gefühle von Spaß (spezifisch) lassen sich identifizieren und damit als Objekt des Geistes das Vorliegen oder Fehlen eines geistigen Auftrags bzw. der Gegensatz aktiv-passiv oder eigene Bestimmung der Umwelt vs. die der Mutter. Ferner kann man schon die drei Aspekte Psyche, Geist und Materie erkennen. Von den Daseinsstrukturen gibt es schon Anfänge von lebendiger Wirklichkeit und Räumlichkeit, und von der Zeitlichkeit den jetzigen Moment und damit insgesamt bezüglich dieser Struktur nur teilweise die Ekstase der Ankunft, die Zeit ist nur eine bloße Aneinanderreihung bedeutungsvoller Zeitpunkte ohne weiteren Zusammenhang.

Im weiteren Verlauf wird die Kommunikation immer differenzierter und ihre Funktionen immer vielfältiger, bis sich schließlich die menschliche Sprache und damit das volle Spektrum der menschlichen Kommunikationsmöglichkeiten entwickelt. Die Differenzierung der Affekte, Empfindungen und Gefühle und ihre Regulierungsmöglichkeiten nehmen weiter zu, so dass schließlich

1. Aggression/Widerwillen (allgemeiner Affekt), Wut/Ekel (individuelle Empfindung) und Zorn/Abscheu (spezifisches Gefühl) auftauchen als Reaktion auf eine vom Dasein als psychisches Subjekt affektiv ergreifend verstandene *Überforderungssituation*, im Zusammenhang mit dem entsprechend verstandenen Gegensatz *objektiv-subjektiv* auf der Ebene des *sozialen* Selbst,

2. Schreck (allgemeiner Affekt), Angst (individuelle Empfindung) und Furcht (spezifisches Gefühl) als Reaktion auf eine vom Dasein als psychisches Subjekt affektiv ergreifend verstandene Situation der *Hilflosigkeit*, im Zusammenhang mit dem entsprechend verstandenen Gegensatz *kontinuierlich-diskontinuierlich* auf der Ebene des *teleologischen* Selbst,

3. Schmerz (allgemeiner Affekt), Leid (individuelle Empfindung) und Trauer (spezifisches Gefühl) als Reaktion auf eine vom Dasein als psychisches Subjekt affektiv ergreifend verstandene *hoffnungslose* Situation des Getrennt-Seins, im Zusammenhang mit dem entsprechend verstandenen Gegensatz *linear-zirkulär* auf der Ebene des *intentionalen* Selbst,

4. und Entsetzen (eine Mischung der bisherigen allgemeinen negativen Affekte), Enttäuschung bzw. Scham (individuelle Empfindung) und Entrüstung bzw. Schuldgefühl (spezifisches Gefühl) als Reaktion auf eine vom Dasein als psychisches Subjekt affektiv ergreifend verstandene Situation zuerst der *Unzulänglichkeit* (Schuldigseinkönnen bei Heidegger) anderer und schließlich der eigenen Unzulänglichkeit und der zu großen Verantwortung, im Zusammenhang mit dem entsprechend verstandenen Gegensatz *räumlich-zeitlich* auf der Ebene des *repräsentationalen* Selbst.

Wir können den *Aspekt der Psyche* genauer erkennen als das dynamisch-befindliche, d.h. affektiv ergreifende Verstehen von Bedingtheiten, welches sich aus der Verarbeitung früherer Erfahrungen (auch von anderen) ergibt, also aus der dynamischen Relation zwischen der Handlung als körperlich-materielles Subjekt und deren Ergebnis, welches es als Objekt der Materie wahrgenommen hat, den *Aspekt des Geistes* genauer als das befindliche, erwartungsvolle Verstehen von Möglichkeiten des Seinkönnens aufgrund früherer Erfahrungen (auch von anderen) und den *Aspekt der Materie* genauer als das praktische Verstehen der Schwierigkeiten, sich bei den oben aufgeführten Gegensätzen beim Handeln hinsichtlich der Erwartungen des Geistes nicht zu täuschen und jede Täuschung und die daraus resultierende Empfindung der Enttäuschung entschlossen und beharrlich zu überwinden. Dabei ist die Unterstützung und *Hilfe der Mutter* nicht nur in der Hinsicht wichtig, dass sie dem Dasein hilft, die (räumliche) Fülle der allgemeinen sinnlich-affektiven Reize, die (rhythmische) Erregung der individuellen empfindungsmäßigen Selbstbetroffenheit und den (zeitlichen) Druck der spezifischen gefühlsmäßigen Erwartungen, also die entsprechende affektiv besetzte Wahrnehmungsbasis von Wut/Ekel, Angst, Leid und Enttäuschung bzw. Scham und der entsprechenden spezifischen *Gefühle zu regulieren*, sondern sie regt das Dasein auch immer wieder dazu an, die *Perspektive zu wechseln*, um die sich gegenseitig verneinenden Aspekte der lebendigen Wirklichkeit, nämlich die gerade aufgeführten Gegensätze der Materie, immer besser zu verstehen und ihre Gegensätzlichkeit dadurch immer mehr zu überwinden.

Wenn wir die Entwicklung eines Kindes von der Ebene des physischen Selbst bis zu der des repräsentationalen Selbst betrachten, dann ist seine Weltanschauung, wie ihm etwas erscheint, auf jeder Ebene etwas anders. Es gibt hier also eine gewisse Pluralität der Erscheinungswelten, und es stellt sich die Frage, wie ein Kind von einer Erscheinungswelt in die andere gelangt. Bis jetzt haben wir hauptsächlich den Anteil der Mutter betrachtet, die durch Beruhigung und Anregung zum Perspektivwechsel derartige Übergänge unterstützt hat. Was aber sind die Voraussetzungen beim

Kind, welche Entwicklungsprozesse sind notwendig, damit es die Unterstützung der Mutter nutzen kann, um sich eine neue Welt zu erschließen?

Mit jeder der fünf Entwicklungsebenen ist als materielle Verankerung ein Gegensatzpaar verknüpft. Erst wenn es dem Kind bis zu einem gewissen Grad gelingt, mit den entsprechenden Gegensätzlichkeiten, also mit der materiellen Ebene, praktisch handelnd umzugehen, ist ihm die nächste Entwicklungsebene zugänglich und damit auch die entsprechende Erscheinungswelt, bei der das Kind noch mehr Gegebenheiten unterscheiden, also wahrnehmen kann, d.h. seine Erscheinungswelt vergrößert sich immer mehr, es erscheint ihm immer mehr in dieser Welt. Je mehr *Einsicht* ein Kind auf der Ebene des physischen Selbst in die Zusammenhänge von Aktivität und Passivität bekommt, desto eher fällt ihm auf, dass seine subjektive bzw. subjektseitige Effektivität von objektiven bzw. objektseitigen Bedingungen – zuerst von anderen Menschen, dann von seiner gesamten Umwelt – abhängt, so dass ihm die Ebene des sozialen Selbst zugänglich wird. Je mehr *Rücksicht* es auf derartige Bedingungen nehmen kann, desto eher wird ihm klar, dass es verschiedene spezifische Aktivitäten kontinuierlich aneinanderreihen kann, so dass sich ihm die Möglichkeit eröffnet, auf die Ebene des teleologischen Selbst zu kommen. Je *vorsichtiger* es seine spezifischen Aktivitäten aneinanderreihen kann, desto mehr eröffnet sich ihm die Sichtweise, dass es auf diese Weise bestimmte Absichten geradlinig erreicht, sich aber manchmal auch im Kreis dreht, was ihm den Zugang zur Ebene des intentionalen Selbst verschafft. Je besser es seine *Aussichten* einschätzen und entsprechende Strategien entwickeln kann und damit immer öfter seine Ziele erreicht, desto öfter wird es auch damit konfrontiert, dass es anderen den Raum für Möglichkeiten nimmt und mit der Zeit immer negativer beurteilt werden kann. Sobald es diese Gefahr erkennt, ist ihm die Ebene des repräsentationalen Selbst zugänglich, und es ist dazu aufgefordert, mit mehr *Umsicht* zu handeln. Diese Umsicht immer mehr zu entwickeln ist eine wichtige Voraussetzung für den Eintritt ins Erwachsenenleben, bei dem es dann mit dem Gegensatz männlich-weiblich konfrontiert ist.

Wie man an diesen Ausführungen sehen kann, bedarf es erst bestimmter durch seinen Lebensvollzug erworbener Erfahrungen, Fähigkeiten und Fertigkeiten, bevor ein Kind in eine neue Erscheinungswelt eintreten kann. Für den Übergang von einer Erscheinungswelt in eine andere lernt ein Kind nicht einfach nur eine neue Interpretation seiner Wahrnehmungen, sondern es erarbeitet sich bestimmte neue Erfahrungen, durch die es darauf aufmerksam wird, dass seine bisherige Perspektive nicht mehr ausreichend ist, bestimmte Täuschungen und Enttäuschungen zu vermeiden. Durch neue Perspektiven erkennt es neue Unterschiede, kann mehr differenzieren und damit mehr wahrnehmen, und zwar sowohl Dinge, als auch Eigenschaften, als auch Prozesse.

Unsere Sichtweise der Welt ist zwar einerseits davon abhängig, welche verschiedenen Perspektiven wir einnehmen (geistiger Aspekt), andererseits aber brauchen wir auch bestimmte Erfahrungen, die uns auf bestimmte Unterschiede bzw. Gegensätzlichkeiten aufmerksam machen (materieller Aspekt), die wir nur mithilfe bestimmter Fähigkeiten und Fertigkeiten wahrnehmen können, um bestimmte Perspektiven überhaupt unterscheiden bzw. einnehmen zu können, und für jeden Perspektivwechsel dürfen wir nicht zu aufgeregt sein (psychischer Aspekt). Wie uns die Welt erscheint, hängt sowohl von psychischen, als auch von materiellen, als auch von geistigen Faktoren ab. Es ist nicht nur das Resultat verschiedener Interpretationen unserer Wahrnehmung, unsere Wahrnehmung selbst verändert sich, weil uns neue Unterscheidungen zugänglich sind.

Wichtig zu erwähnen an dieser Stelle, scheint mir, dass ich bei diesen Betrachtungen weder ein Ding an sich (Kant, Critik der reinen Vernunft, 1781 (A), zweite Auflage 1787 (B)) und davon abgeleitet eine Welt an sich benötige noch irgendeine Art von Realismus, bei der ich annehmen muss, dass irgendwelche empirische Daten mir helfen, eine objektive Realität näherungsweise immer besser zu beschreiben. Das liegt daran, dass die verschiedenen Welten ein und demselben Kind erscheinen, das immer besser mit der Welt zurechtkommt. Dabei besteht auch nicht die Gefahr des Solipsismus, denn dieses Kind hat alle seine Erscheinungswelten mit seiner Mutter geteilt. (Als Mathematiker erinnert mich dies an das Konvergenzkriterium von Cauchy für Folgen und Reihen, bei dem man den tatsächlichen Grenzwert nicht kennen muss.)

Um in diesem Sinne zwei verschiedene Erscheinungswelten miteinander vergleichen zu können, brauche ich (am besten mehrere) Menschen, die in beiden Welten gewesen sind. Es muss dabei natürlich eine materielle Verankerung bzw. ein entsprechendes Kriterium dafür geben, wie gut jemand sich in eine Erscheinungswelt hineinversetzt hat: je mehr ich ähnliche Erwartungen nachvollziehen kann (imitierte Entwicklung von Erwartungen) wie andere in der jeweiligen Erscheinungswelt, und je mehr ich ähnliche Übereinstimmungen und Täuschungen bezüglich dieser Erwartungen mir vorstellen kann (imitierte Wahrnehmung) wie jene, desto besser oder mehr kann ich mich in diese Erscheinungswelt hineinversetzen. Die jeweilige Imitation gelingt dann am besten, wenn ich selbst mit den anderen eine Zeitlang zusammen in der entsprechenden Welt praktisch gehandelt habe. Mütter lernen und verstehen so die Erscheinungswelt ihrer Kinder.

Insofern kann auch ein Psychotherapeut einen ängstlichen oder depressiven Klienten am besten begreifen und sich auf mögliche Wege aus der psychischen Störung verstehen, der selbst Ängste und Depressionen erlebt bzw. unter derartigen Umständen praktisch gehandelt hat. Bei jeder Art des Sich-Hineinversetzens gilt jedoch, dass dies umso besser gelingt, je mehr der Betreffende sich schon der vollkommenen Liebe genähert hat. Für jeden einzelnen gilt dabei, dass er zwar immer mehr Fortschritte auf dem Weg dorthin machen und dies unterscheiden, also wahrnehmen kann, er kann allerdings niemals wissen, wie weit er noch von dort entfernt ist. Und wenn man verschiedene Menschen miteinander vergleicht, so kann man nicht sagen, wer näher an der vollkommenen Liebe ist. Dies ist letztlich auch die Aussage von „vor Gott sind alle Menschen gleich" (Römer 2,11; Epheser 6,9). Wie gut sich jemand in die Erscheinungswelt eines anderen oder in die einer ihm fremden Gemeinschaft hineinversetzen kann, kann letzten Endes nur dadurch ermessen werden, wie sehr und wie oft er sich dabei täuscht, wenn

er konkrete Aussagen darüber macht, wie jemand in der betreffenden Erscheinungswelt in bestimmten Situationen praktisch handeln würde.

Inwieweit kann man Menschen überhaupt vergleichen, ist
denn die beschriebene Entwicklung des Daseins in der Mutter-
Kind-Dyade nicht zu spezifisch und daher nicht auf alle Menschen
in allen Kulturen übertragbar? Einerseits ist es richtig, dass ich hier
eine idealtypische Entwicklung nachgezeichnet habe, die derart
(leider) auch bei uns nicht immer so abläuft. Aber entscheidend für
die Daseinsanalyse sind die verschiedenen Befindlichkeiten, wobei
jeweils bezeugt ist, dass das Dasein die zugehörige Gegensätzlichkeit überwinden und so insgesamt letztlich die vollkommene Liebe
erreichen will (s. 2.2).

Die verschiedenen Gegensätzlichkeiten sind universal, bis
einschließlich der Gegensätzlichkeit linear-zirkulär sind sie sogar für
viele Tiere universal, und die verschiedenen Situationseigenarten
wie gelungene eigene Bestimmung der Umwelt, Überforderung,
Hilflosigkeit, Hoffnungslosigkeit und Unzulänglichkeit ebenfalls. Daraus entwickeln sich dann bei allen Menschen die entsprechenden
Befindlichkeiten, die die Überwindung der entsprechenden Gegensätzlichkeiten fordern: Wenn die eigene Bestimmung der Umwelt
gelingt, löst das bei jedem Freude aus und das aktive Bestreben,
dass dies immer gelinge, also nie mehr etwas passiv erduldet werden muss (Überwindung des Gegensatzes aktiv-passiv), und wenn
sie misslingt, ist jeder frustriert und empfindet Unmut. Dabei macht
Überforderung wütend, Hilflosigkeit ängstlich, Hoffnungslosigkeit
erzeugt Leid und Unzulänglichkeit Scham oder Enttäuschung bzw.
Fremd-Schämen je nach Ursachenattribuierung, ob ein anderer o-
der man selbst als unzulänglich wahrgenommen wird.

Insofern gibt es eine gemeinsame Basis, von der ausgehend
man auf der Ebene der Empfindungen alle Menschen miteinander
vergleichen kann, d.h. der Aspekt des Seelisch-Motivationalen ist
bei allen Menschen gleich. Wenn man jetzt noch das Geistig-Ideale
oder das Gegensätzlich-Materielle in den verschiedenen Alltagssi-

tuationen begreifen kann, dann öffnet sich einem die Erscheinungswelt des Betreffenden, denn zwischen den drei Aspekten Seele,
Geist und Materie gibt es ja eine absolute Vermittlung.

Als eine weitere Konsequenz aus den Betrachtungen der
Entwicklung des Kindes ergibt sich die Pluralität der Erscheinungswelten bei Kindern auf verschiedenen Entwicklungsebenen, die
nicht nur auf eine von den Kindern vorgenommene unterschiedliche Interpretation der Erscheinungen zurückzuführen ist, sondern
die auch mit einer Erweiterung der wahrgenommenen Phänomene
aufgrund unterschiedlicher Fähigkeiten und Fertigkeiten der verschiedenen Kinder zusammenhängen, die sie durch verschiedene
Lernprozesse sich erwerben. Meiner Meinung nach kann man dies
durchaus verallgemeinern auf alle Menschen, da auch die verschiedenen Lernprozesse durch gemeinsame Einsicht, Rücksicht, Vor-
sicht, Aussicht und Umsicht allgemein menschlich sind, so dass hier-
mit gezeigt ist, „dass bezüglich dieser subjektseitigen Momente von
Erscheinungswelten ein gewisser Spielraum von Möglichkeiten besteht, so dass aus einer Variation der subjektseitigen Momente verschiedene Erscheinungswelten resultieren" (Hoyningen-Huene,
1989, S. 74), womit die Wissenschaftsphilosophie von Kuhn erheb-
lich an Bedeutung gewinnt (ebenda).

3.3. Die Rolle von Sprache und Denken

Als nächstes möchte ich klären, was mit den Begriffen
»Sprache«, »sprechen«, »reden« und »denken« genau gemeint
sein soll. Wie bei Hartmann ausgeführt (Hartmann, 1998, S. 164 ff.)
ist Sprechen das Benutzen einer Sprache, und zwar entweder ein
Ausführen von Plänen auf der Ebene des intentionalen Selbst oder
ein menschliches Handeln, welches etwas ausdrückt, auf der Ebene
des repräsentationalen Selbst. Im Unterschied dazu ist das Reden
ein Sprechen mit stimmlicher oder geflüsterter Lautäußerung. Eine
Sprache entwickelt sich aus der Kommunikation des Kindes mit seiner Mutter, die auf Regungen ihres Kindes kontingent reagiert, wo-
raufhin ihr Kind die Kontingenz entdeckt und auf diese Weise lernt,

bestimmte spezifische Aktivitäten in bestimmten Situationen zu betreiben, welche durch kontingente Reaktionen der Mutter operant verstärkt werden.

Diese Kommunikation ist interexistenzial, sie wird nicht von einem allein entwickelt, was daran zu erkennen ist, dass sie bei derselben Mutter mit verschiedenen ihrer Kinder unterschiedlich ist. Da viele spezifische Aktivitäten des Kindes stimmlicher Natur sind, entwickelt sich aus dieser Kommunikation zuerst das Reden, es sei denn, das Kind ist stumm. Seine Muttersprache beginnt das Kind erst auf der Stufe des intentionalen Selbst zu lernen, wobei hier beim Sprechen nur Zeichen bzw. beim Reden Worte nur als Zeichen für die entsprechenden Absichten des Kindes benutzt werden, und es die Absichten seiner Mutter auch nur auf diesem Niveau des Sprechens »versteht«. Einen anderen verstehen bedeutet hier, sich vorzustellen, man sei der andere und verstehe sich selbst als der andere. Sich selbst verstehen heißt, einen oder mehrere Pläne zu entwickeln und sich Möglichkeiten des eigenen Seinkönnens vorzustellen, um bestimmte eigene Absichten zu erreichen. Das Verstehen eines anderen oder von einem selbst ist auf dieser Entwicklungsebene noch auf Absichten beschränkt, die das Kind bei bestimmten Ausführungen verschiedener Pläne unterscheiden kann.

Sprache beinhaltet damit auf dieser Ebene alle Aktivitäten, die für das Kind Ausführungen von Plänen sind. Dies entspricht auch der alltagssprachlichen Verwendung, wenn wir sagen, dass eine bestimmte Aktivität eine Absicht verrät (verraten ist auch eine Art des Sprechens). So betrachtet ist Kommunikation dadurch fundiert, dass die beiden Kommunikationspartner sich jeweils vorstellen, der andere zu sein, und das Sprechen entsteht dadurch, dass die Aktivitäten beider Partner mindestens als Ausführungen von Plänen, wenn nicht sogar als zeitlich und räumlich relativ unabhängiger Ausdruck des Handelnden erkannt werden, die eine bestimmte Eigenart von ihm repräsentieren bzw. ihn charakterisieren. Letzteres möchte ich eine voll entwickelte menschliche Sprache nennen, denn eine Sprache, wie sie ein Kind auf der Ebene des intentionalen Selbst entwickeln kann, gibt es auch bei Tieren.

Kommen wir nun zum Begriff des Denkens: Hartmann (ebenda) definiert Denken als sich vorgestelltes Sprechen, was ich dahingehend präzisieren möchte als sich vorgestelltes Miteinander-Sprechen. Man könnte Denken auch als sich vorgestelltes Kommunizieren definieren, hätte dann aber die Schwierigkeit festzustellen, wann jemand denkt oder vielmehr gedacht hat, denn die Möglichkeiten des Sich-Mitteilens, ob man gedacht hat, sind für diesen Zweck zu beschränkt, wenn ein Kind noch nicht die Ebene des intentionalen Selbst erreicht hat und daher nicht mitteilen kann, dass es sich vorgestellt hat, mit jemandem zu kommunizieren. Daher ist die von Hartmann gewählte Definition sinnvoll und lässt uns sogar tierisches von voll entwickeltem menschlichen Denken unterscheiden, da Tiere nicht die Ebene des repräsentationalen Selbst erreichen können und daher keine voll entwickelte menschliche Sprache sprechen und damit dieses menschliche Sprechen sich auch nicht vorstellen, d.h. nicht derart menschlich denken können.

Der Unterschied der beiden Denkweisen lässt sich verdeutlichen am Unterschied zwischen den beiden Begriffen des Zeichens und des Symbols: bei einem Zeichen wird seine bisherige Verwendung beibehalten, und ein Zeichen kann nur auf etwas hinweisen, während bei einem Symbol von seinem bisherigen Gebrauch vollkommen abgesehen wird und ihm eine neue Verwendung verliehen wird. Wenn Heideggers südbadischer Bauer den Südwind als Zeichen für kommenden Regen betrachtet, dann gebraucht er den Begriff des Windes immer noch auf die gleiche Weise. Wenn aber das Meer als Symbol für Geburt, Leben und Tod verwendet wird, dann wird von dem Gebrauch des Begriffs als salziges Wasser, das wir an den Küsten unserer Kontinente vorfinden, vollkommen abgesehen. Dies ist ein kreativer Prozess, der allerdings nicht willkürlich abläuft sondern z.B. mit Heideggers hermeneutischem Zirkel (Heidegger, Sein und Zeit, 2006a, S. 150 z.B.) beschrieben werden kann: als Vor-Habe nehmen wir den bisherigen Gebrauch eines Begriffs oder Ausdrucks und abstrahieren in einer Vor-Sicht hinsichtlich einer bestimmten möglichen Repräsentation etwas aus diesem Gebrauch und verbinden dann dieses abstrakte Charakteristikum in einem Vor-Griff mit der neuen Verwendungsweise. Diesen Prozess kann man als Abstraktion bezeichnen und das entsprechende Denken als abstraktes Denken.

Wenn man dies auf die symbolische Verwendung des Begriffes des Meers anwendet, so besteht die Vor-Habe in dem ursprünglichen Gebrauch des Wortes als Bezeichnung für das Wasser, welches auf der Erde unsere Kontinente umgibt. Davon abstrahieren wir in der Vor-Sicht bestimmte Eigenschaften des Meeres, dass alles Leben im Meer entstanden ist, dass das Meer bei Überflutung uns den Tod bringen kann, dass Flut und Ebbe wie Kommen und Gehen, wie Geburt und Tod gesehen werden können, und dass wir als Embryos im Fruchtwasser geschwommen sind, was ähnlich salzhaltig ist wie das Meerwasser. Damit haben wir beim Meer charakteristische Eigenschaften gefunden, die wir mit Geburt, Leben und Tod in Verbindung bringen können, so dass wir im Meer eine entsprechende Repräsentation finden und so diesen Begriff des Meeres neu als Ausdruck von Geburt, Leben und Tod verwenden können.

In diesem abstrakten bzw. symbolischen Denken ist auch eine Dialektik erkennbar: der These des faktischen Meeres, das wir an den Küsten unserer Kontinente sehen können, wird die Antithese gegenübergestellt, dass man von dieser oberflächlichen Betrachtung des Meeres ganz absehen kann, weil mit dem Meer noch viel mehr verbunden ist als das, was wir mit bloßem Auge erkennen können, und daraus wird dann die Synthese gebildet, dass wir einerseits den Begriff des Meeres für das tatsächliche Meer und andererseits ihn zusätzlich daneben für das symbolische Meer gebrauchen, welches wir als Sinnbild für Geburt, Leben und Tod verwenden. Man kann das Denken aus dieser Perspektive betrachtet auch als dialektisches Denken bezeichnen.

Am Beispiel des dialektischen Denkens wird deutlich, dass Denken die Vorstellung eines Gesprächs ist, bei dem auch mehrere Personen beteiligt sein können. Damit kann man drei Aspekte des Denkens unterscheiden: den materiellen Aspekt des vorgestellten Sprechens einer oder mehrerer Personen zu einer oder mehreren anderen Personen, die sich in irgend einem Gegensatz – daher materiell – zueinander befinden (unterschiedliche Informationen, Meinungen, Absichten usw.), den psychischen Aspekt des Begreifens des vorgestellten Sprechens, wie dieses unter Umständen von verschiedenen vorgestellten Personen unterschiedlich begriffen werden kann, und den geistigen Aspekt des Verstehens und der möglichen Antwort auf die begriffene Aussage. Auf diese Weise können wir uns ein regelrechtes Drama bzw. einen ganzen Roman *ausdenken*. Normalerweise denken wir, dass Denken nur mit der geistigen Ebene etwas zu tun hat. Unsere Überlegungen haben aber schließlich dahin geführt, dass das Denken sowohl materielle, als auch psychische und natürlich auch geistige Aspekte besitzt.

Man kann das menschliche Denken auch strukturalistisch betrachten, nämlich dass wir dabei zuerst ein Ganzes betrachten, etwa das Meer, und dieses Phänomen dann analysieren und in einzelne Aspekte zerlegen, z.B. in den Aspekt des salzhaltigen Wassers, in den Aspekt, dass alles Leben im Wasser entstanden ist, usw. wie oben. Dann rekonstruieren wir daraus wieder die gesamte Fülle des Begriffes, also des Meeres, und auf welch vielfältige Art und Weise wir diesen Begriff bezeichnend und symbolisch verwenden können, und fügen so etwas typisch Menschliches hinzu, was dieses Gesamtphänomen nämlich für uns alles repräsentieren kann. Auf diese Weise können wir menschliches Denken auch als analytisches Denken bezeichnen.

Der Ausdruck dialektisches Denken bezieht sich mehr auf das allgemeine dialogische Denken und entspricht so mehr dem Daseinsmodus des Genus, abstrakt-hermeneutisches Denken betont mehr das Denken des Einzelnen im Daseinsmodus des Individuums, während das analytische Denken im Analysieren eher spezifisch verwendungs- und handlungsorientiert ist analog dem Daseinsmodus der Spezies.

Bezüglich der Sprache kann man auch folgendes feststellen: Indem das Dasein auf der Ebene des repräsentationalen Selbst jede Handlungsweise von anderen und von sich selbst als Ausdruck oder Repräsentation von dem begreift, was es als Objekt der Psyche empfindet, als Objekt des Geistes fühlt und vorhat zu tun und/oder als Objekt der Materie sinnlich-affektiv wahrnimmt – ich möchte dies insgesamt als begriffene Repräsentationen objektiver Eindrücke der betreffenden Person, Lebewesens oder Sache bezeichnen, wobei einem etwas Seiendes begegnet und dieses Seiende mithilfe der Eindrücke identifiziert wird –, indem es aber auch Handlungen als Ausdruck von subjektiv Verstandenem begreift, nämlich dem, was es als psychisches Subjekt affektiv unterscheidend von Bedingtheiten und als geistiges Subjekt von Möglichkeiten befindlich begreifend versteht, und was es als körperlich-materielles Subjekt an spezifischen Schwierigkeiten beim Handeln erwartend praktisch versteht und dabei ein Gefühl für die Schwierigkeiten hat – dadurch wird das Sein bzw. die Existenz subjektiv verstanden und festgestellt, und das ist alles nichts Substantielles, sondern kann durch Taten bzw. Übung jederzeit subjektiv anders erkannt werden –, ist ihm die ontologische Differenz (Heidegger, 2006a, S. 230)[8], also der Unterschied zwischen Sein als Existenz-Prozess und momentan begegnendem und identifiziertem Seienden, zumindest erschlossen, wenn auch zunächst und zumeist nicht verstanden.

Ein Kind von etwa vier Jahren kann zwischen der Erscheinung eines Gegenstandes und dem, was dieser Gegenstand tatsächlich ist, unterscheiden, z.B. wenn etwas wie ein Stein aussieht, aber ein Schwamm ist. Wenn ein dreijähriges Kind, das noch nicht die Ebene des repräsentationalen Selbst erreicht hat, einen Schwamm sieht, von dem es weiß, dass es ein Schwamm ist, obwohl er wie ein Stein aussieht, dann wird es immer behaupten, das sehe auch aus wie ein Schwamm und nicht wie ein Stein (Fonagy, Gergely, Jurist, & Target, 2008, S. 263), die objektive Erscheinung bzw. begegnende Wirkung des Seienden, seine „äußerlich begegnende und seiende" Wirklichkeit, wird von seinem Wesen bzw. Sein, nämlich dass es existiert, was sich erst im subjektiven Prozess

---

[8] In „Sein und Zeit" kommt der Begriff als solcher zwar nicht vor, aber das, was er bezeichnet, nämlich den Unterschied bzw. die Differenz zwischen Sein und Seiendem, die insofern unbeachtet bleibe, als dass nur das Seiende gesehen und das Sein nicht bemerkt werde. Dass etwas existiert, ist die „Wahrheit des Seins", die „Wahrheit des Seienden" ist seine Identifikation (ebenda).

des Anfassens zeigt, nicht unterschieden, und das ist ja gerade die ontologische Differenz, der Unterschied zwischen etwas Seiendem und Sein.

Das subjektiv-seitig Verstandene bzw. das in der sprachlichen Kommunikation affektiv, im hermeneutischen Zirkel befindlich und in der Analyse praktisch Verstandene (s. o.) – Heidegger nennt es „die Wahrheit des Seins" (ebenda), die einen in die Ekstase versetzen kann, dass überhaupt etwas existiert und nicht nichts – und die objektseitigen Eindrücke, die aber subjektiv begriffen wurden (s.o.), und wodurch Seiendes wahr-genommen („die Wahrheit des Seienden", ebenda) und identifiziert wird, bestimmen den Ausdruck des Daseins, und dieser Ausdruck bestimmt das subjekt-seitig Verstandene von einem selbst und von anderen und in der weiteren Kommunikation Verstandene und objekt-seitig Begriffene der anderen bzw., was man von anderen begreift, und dadurch, dass sich das Dasein für diese Reaktion auf seinen Ausdruck bzw. auf die Repräsentanz seines Seins interessiert, lässt es sich je nachdem bestimmen, d.h. es korrigiert entweder sein Verständnis oder seine Ausdrucksweise oder beides. Das ist aber nur möglich, wenn das Dasein anderen begegnet, die der Ausdruck des Daseins, also die Repräsentanz seines Seins, so beeindruckt, dass das Dasein diese Veränderung sinnlich-affektiv als Objekt der Materie wahrnehmen kann, d.h. man bestimmt sich in der Kommunikation gegenseitig, die anderen werden durch den Ausdruck des Daseins, also ihre Repräsentation seines Seins, und das Dasein durch die Veränderung aufgrund des Beeindruckens der anderen bestimmt. Da ohne Sprache das subjektiv verständlich Begriffene nicht ausgedrückt werden kann, kann man mit Heidegger sagen: Die Sprache ist „das Haus der Wahrheit des Seins" (Heidegger, 2010, S. 10).

Repräsentanz impliziert die Möglichkeit der Wiedergabe, was ein Gedächtnis voraussetzt. Damit ist Sprache die für andere verständliche Wiedergabe von Gedächtnisinhalten, wobei es ein emotionales und ein biografisches Gedächtnis (s. 2.3) gibt. Dabei hat das Dasein die Inhalte des emotionalen Gedächtnisses – das sind nur gespeicherte Inhalte des Daseins als Objekt von Psyche,

Geist und Materie – so lange noch nicht in seinem biografischen Gedächtnis aufgenommen, solange es diese Inhalte als psychisches, geistiges oder körperlich-materielles Subjekt noch nicht weiterverarbeitet hat (s. 2.3). Sprache dient dieser Verarbeitung auf jeden Fall bei *Affekten* und *Empfindungen*, denn beim Erzeugen des sprachlichen Ausdrucks wird der ausgedrückte Inhalt des emotionalen Gedächtnisses bei Affekten begriffen, bei Empfindungen befindlich verstanden und dadurch jeweils im biografischen integriert, und nur der Inhalt des biografischen Gedächtnisses kann sprachlich direkt ausgedrückt werden ohne vorherige Verarbeitung. Dies kann man daran erkennen, dass ein Mensch, der etwas ganz Schlimmes, z.B. ein Trauma, erlebt hat und sich mitteilen will, Schwierigkeiten hat, beim Erzählen die richtigen Worte zu finden, und auf Fragen nach dem betreffenden Ereignis nur langsam und stockend antworten kann. Wie sieht es aber bei *Gefühlen* aus?

Das Problem bei Gefühlen und den damit verbundenen Erwartungen ist, dass man notwendigerweise neue Erfahrungen braucht, um sie zu verarbeiten. Wenn man z.B. mit einem Freund bergsteigen geht und er beinahe in einen Abgrund gefallen wäre, kann man ihn trösten, dass alles in Ordnung ist und nichts Schlimmes passiert ist, sodass sein Affekt des Schocks und seine Empfindung der Angst abnehmen, aber wenn man dann mit ihm weiterklettern will, wird er sich wehren, weil er sein Gefühl der Furcht und seine Erwartung, dass sich etwas Ähnliches wiederholt und es dann einen schlimmen Unfall hat, in diesem Moment nicht verarbeiten kann. Über aktuelle Gefühle kann man nicht diskutieren, aber in einer sicheren Umgebung kann das Sprechen über die Gefühle in einer früheren Situation die entsprechenden Empfindungen aktualisieren, die dann verarbeitet werden und in positive verwandelt werden können und das Psychisch-Motivationale derart stärken, dass man z.B. übt, seine Fähigkeiten und Fertigkeiten trainiert und erweitert und auf diese Weise mit gestärktem Selbstvertrauen seine *Gefühle* reguliert, seine Pläne schließlich weiterverfolgt und so das Ganze in sein autobiografisches Gedächtnis integriert. Auch hier hilft also die Sprache bei der Verarbeitung und Integration von Inhalten des emotionalen Gedächtnisses ins biografische.

Indem die Kommunikation alle Emotionen zu regulieren hilft, ermöglicht sie es dem Dasein, die Inhalte des emotionalen Gedächtnisses weiter zu verarbeiten und einen sprachlichen Ausdruck und damit die richtigen Worte zu finden, um so die entsprechenden Inhalte – bei Gefühlen nach entsprechenden Handlungen, wobei auch das Sprechen eine solche Handlung sein kann – in seinem biografischen Gedächtnis einzuordnen. Sprache ist weder eine reduktionistische Darstellung der Außenwelt noch weist sie auf eine innere Substanz, ein festes Wesen oder Sein, hin. Da das subjektseitig befindlich Verstandene und in der sprachlichen Kommunikation objektseitige subjektiv affektiv Begriffene geistig und psychisch und damit zeitlich und lebenswirklich und der Ausdruck körperlich-materiell und damit räumlich ist, bestimmt bzw. vermittelt also das lebendig Wirkliche und Zeitliche das Räumliche und das Räumliche zwischen dem lebendig Wirklichen und dem Zeitlichen (ich habe allerdings schon oben in 2.1 erwähnt, dass es zwischen diesen drei Daseinsstrukturen eine absolute Vermittlung gibt).

Die Funktionen der menschlichen Sprache sind also zum einen ganz *allgemein* die Regulierung von jeder Art von Affekten, Empfindungen und Gefühlen, die bei den verschiedenen Eindrücken als Objekt der Psyche (individuelle Betroffenheit), des Geistes (spezifischer Zeit- und Leistungsdruck, also Erwartungsdruck) oder der Materie (allgemeine Aufmerksamkeit oder gar Erregung) entstehen können, so dass auch traumatische Erlebnisse auf die oben geschilderte Weise verarbeitet werden können, zum anderen *im Einzelnen* der Austausch über Absichten, um sich gegenseitig abzusprechen und möglicherweise auch zu unterstützen, also kurzfristige Bündnisse zu gründen. Schließlich, und das ist *das Besondere* der menschlichen Sprache, was es bei anderen Kommunikations- und Verständigungsformen zwischen anderen Lebewesen nicht gibt, dient Sprache dem Austausch und Sich-Aneignen von Verstandenem über Bedingtheiten und über Möglichkeiten und damit dem Austausch von zeitlich und räumlich unabhängigen Repräsentationen der Wirklichkeit, so dass längerfristige Beziehungen und Freundschaften entstehen können, die selbst dann noch Bestand haben, wenn man lange nichts voneinander gehört hat.

Die Besonderheit dieser Diskursivität der Sprache entspricht der Besonderheit der Reflexivität des menschlichen Daseins, wir können über unser gesamtes Dasein einschließlich sogar der Sprache sprechen. Diese generelle Art der sprachlichen Kommunikation macht unsere individuelle Reflexivität erst möglich. Die Bedeutung und alle Neuschöpfungen von Worten entstehen durch hermeneutische Zirkel, und das Ganze ist in gewisser Weise ein Abbild der menschlichen Gemeinschaft: Worte bzw. Bedeutungen sterben aus, werden neu geboren und es gibt Verwandtschaftsverhältnisse ganz ähnlich wie unter Menschen.

Der sprachliche Ausdruck bildet die Wirklichkeit ab, und er kann dabei reduktionistisch sein, er kann aber auch mehr zum Ausdruck bringen, als vorhanden ist. Wir können sprachlich ausdrücken, was uns gerade beeindruckt und bewegt (als Objekt), beeindruckt und bewegt hat oder uns in Zukunft noch bewegen und beeindrucken könnte, wir können sprachlich in die Zukunft vorlaufen („wenn ich das tue, dann kommt das, und dann kann ich das machen, und dann kommt das, usw."), um unser zukünftiges Leben zu planen und zu entwerfen, oder uns in die Vergangenheit zurückbringen („das ist geschehen, weil ich das gemacht habe, was ich gemacht habe, weil das geschehen ist, weil ich das gemacht habe, usw."), um unser vergangenes Leben und die dort gemachten Erfahrungen einzuordnen, Resümees zu ziehen und die gemachten Erfahrungen durch die entsprechenden Schlussfolgerungen für unser weiteres Leben nutzbar zu machen, und wir können in der Gegenwart ankommen und handeln („damit ich das erreiche, muss ich das tun, und dafür dieses, und dafür wiederum jenes, und jenes kann ich jetzt machen, weil die und die Voraussetzungen schon geschaffen worden sind, so dass ich jetzt weiß, was zu tun ist"), um uns immer besser dort zurechtzufinden, wo wir gerade angekommen sind.

Da der sprachliche Ausdruck die Wirklichkeit abbildet, gibt er auch Auskunft darüber, d.h. die sprachliche Auskunft ist ein ganz besonderer Teil der Ekstase der Auskunft. Außerdem wird generell klar, dass die Ekstase der Auskunft ohne Kommunikation nicht funktioniert, d.h. die Ekstase der Auskunft *ist* im Grunde nichts anderes als Kommunikation. Damit ist gezeigt, dass die Kommunikation über Herkunft, Zukunft und Ankunft die entscheidende Rolle dabei spielt, ob das Dasein sich auf dem Weg zur vollkommenen Liebe befindet oder auf dem Weg in eine neurotische, psychotische bzw. traumatische oder psychotisch-depressive bzw. suchtartige Störung. Wenn man so will, ist dies die philosophische Begründung für die **Bedeutung des Gesprächs in der Psychotherapie.** Verarbeitung, Entwicklung oder Heilung beginnen stets im Modus des Genus und werden durch Kommunikation vermittelt, müssen dann vom Dasein im Modus des Individuums aufgegriffen und angenommen werden, um dann von ihm im Modus der Spezies durch entsprechende Handlungen oder Interaktionen umgesetzt zu werden. Ist das Ziel dadurch noch nicht erreicht, beginnt der Kreislauf von vorne im Modus des Genus. Wird der Prozess in einem der drei Modi unterbrochen, kommt es zu keiner Heilung, keiner Entwicklung bzw. zu keiner Verarbeitung.

Weitere Ausführungen zu Denken, Vernunft und Sprache sowie deren Entwicklung findet man im 4. Kapitel von „Natur und Liebe" (Kolb, 2017e, S. 63 ff.). Dort werden u.a. die Sprachtheorien von Austin und Searle daseinsanalytisch betrachtet und modifiziert.

3.4. Die Liebesfähigkeit auf der Ebene des geschlechtlichen Selbst

Zur Vorbereitung auf das Thema dieses Kapitels möchte ich noch einmal auf die ersten fünf Entwicklungsebenen des Selbst eingehen, um darzustellen, wie sich der Umgang eines Kindes mit anderen Menschen entwickelt und welche Beziehungsformen und Muster sich dabei bilden. Auf der Ebene des physischen Selbst betrachtet ein Kind seine Mutter lediglich als Spiegel, der ihm gewisse gemeinsame Einsichten ermöglicht, was Aktivität und Passivität betrifft. Auf der Ebene des sozialen Selbst ist die Mutter schon mehr ein Gegenüber, von dem das Kind einerseits fordert, auf das es aber andererseits auch Rücksicht nehmen muss und nimmt. Auf der

Ebene des teleologischen Selbst nimmt ein Kind wahr, dass es seine Mutter als Schutz braucht und selbst vorsichtig sein muss, sie nicht zu verlieren. Auf der Ebene des intentionalen Selbst, nimmt ein Kind wahr, dass es nicht alles allein erreichen kann und muss, sondern dass es mit seiner Mutter auch kurzfristige Bündnisse eingehen kann, bei denen jeder, sowohl die Mutter als auch das Kind, Aussicht auf bestimmte Vorteile hat bzw. bestimmte Absichten erreichen kann.

Auf der Ebene des repräsentationalen Selbst lernt ein Kind schließlich, wie nützlich es ist, mit anderen auch längerfristige Beziehungen und Freundschaften einzugehen, anstatt sich nur kurzfristig mit ihnen zu verbünden wie noch auf der vorigen Ebene des intentionalen Selbst. Denn um mit seinen eigenen Unzulänglichkeiten immer besser umgehen zu können, ist es ratsam, einerseits sich immer wieder und möglichst beständig darüber auszutauschen, damit man selbst immer besser begreift und versteht und auch lernt, sich selbst bei anderen immer besser begreiflich und verständlich zu machen. Da dies aber entsprechendes Vertrauen gegenüber dem jeweils anderen voraussetzt, damit dieser sein Wissen über mich nicht gegen mich verwendet, ist es andererseits empfehlenswert, langfristige Freundschaften mit anderen einzugehen, bei denen ich einigermaßen sicher sein kann, dass sie mir Wohlwollen entgegenbringen, also daran interessiert sind bzw. wollen, dass es mir gut geht, und betroffen sind, falls nicht. Daher werden solche Freunde mich durch ehrliche Rückmeldungen ihrer Betroffenheit immer wieder auf meine Stärken genauso wie auf meine Unzulänglichkeiten aufmerksam machen, so dass ich damit immer besser umgehen kann und mich immer weniger schuldig mache, also immer verantwortlich-reflektierter und menschlicher handle. Umgekehrt verhelfe ich ihnen ebenfalls zu einer derartigen Selbsterfahrung.

Ein zeitlich und räumlich unabhängiges Interesse am anderen, dass es ihm gut geht, ein Wohlwollen dem Freund gegenüber, das nicht von einem Nutzen abhängt oder auf etwas Angenehmem gründet, sondern als solches dem menschlichen Dasein etwas gibt und die Entwicklung der Tugendhaftigkeit (bzw. Liebesfähigkeit in meiner Terminologie) fördert, entspricht der vollkommenen Freundschaft nach Aristoteles (Aristoteles, 1985, S. 184 ff., 1156a und b). Die Bedeutung der vollkommenen Freundschaft für unsere Liebesfähigkeit bzw. dafür, dass wir uns der vollkommenen Liebe immer mehr nähern, liegt in Folgendem: wenn ich von etwas oder jemandem ergriffen bin und dann die Erwartung habe, irgendetwas zu erreichen, wenn ich also im weitesten Sinn etwas haben will, dann kann es immer wieder Umstände geben, die mich scheitern lassen, so dass ich mich getäuscht habe und enttäuscht bin. Dann und nur dann, wenn ich vom Geist her lediglich die Erwartung hätte, von meiner Ergriffenheit von jemandem absolut ergriffen zu sein, also Sein statt Haben, und wenn ich das von der Psyche her auch wirklich wäre, wenn mir also das Ergriffen-Sein (ohne ein Haben-Wollen) von jemandem als solches genügte und mich vollkommen erfüllte, dann könnte ich mich niemals täuschen oder enttäuscht bzw. entrüstet sein. Mein mit meiner Erwartung verbundenes befindliches Verstehen meiner Ergriffenheit, die dann mein ganzes Worumwillen ausmachte, wäre dann echt, weil es keine Täuschung geben könnte, denn ich wäre ja absolut ergriffen von meiner Ergriffenheit, und unmittelbar, denn mein Verstehen bezöge sich unmittelbar auf meine absolute Ergriffenheit und würde durch nichts anderes vermittelt, d.h. ich liebte mich vollkommen und hätte die vollkommene Liebe erreicht, da vollkommene Selbst-Liebe und vollkommene Fremd-Liebe einander absolut bedingen; in meiner absoluten Ergriffenheit vom anderen liebte ich ja auch ihn vollkommen. Wenn ich von der Psyche her von meiner Ergriffenheit absolut erfüllt wäre, könnte ich vom Geist her keine andere Erwartung haben als die, von meiner Ergriffenheit absolut ergriffen zu sein, d.h. Geist und Psyche wären absolut vereint und beides auch mit dem Körperlich-Materiellen, da es keine Täuschungen und damit keine Gegensätzlichkeiten gibt.

Wenn ich umgekehrt vom Geist her einzig und allein die Erwartung hätte, von meiner Ergriffenheit absolut ergriffen zu sein, so könnte das nur dann der Fall sein, wenn ich von meiner Ergriffenheit tatsächlich absolut ergriffen wäre, so dass es hier ebenfalls keinerlei Spannungen zwischen Geist und Psyche und damit auch nicht zum Körperlich-Materiellen geben könnte. Wenn das menschliche Dasein, also wir jeweils selbst, es erreichen könnte, von der Ergriffenheit von einem einzigen anderen Dasein absolut ergriffen zu sein, dann könnte es in Bezug auf den anderen keine andere Erwartung haben als die, von dieser Ergriffenheit absolut erfüllt zu sein, und damit würde es ihn vollkommen lieben, d.h. die vollkommene Liebe wäre erreicht. Die absolute Ergriffenheit von einem einzigen anderen Menschen würde also genügen, um die vollkommene Liebe zu erlangen.

Kommen wir nun zur Entwicklung des geschlechtlichen Selbst: Nachdem auf der Entwicklungsstufe des repräsentationalen Selbst das Kind zum ersten Mal die Gefahr begriffen hat, dass es aufgrund seiner Unzulänglichkeiten die Zugehörigkeit zu seiner Gemeinschaft, etwa zu seiner Familie, verlieren könnte, bemüht es sich, sich irgendwie nützlich zu machen, und sucht und entwickelt dafür spezifische Strategien (Handlungspläne), die es in einer bestimmten Stimmung ausführt, allgemeine Werthaltungen und individuelle Einstellungen (eine Haltung ist der allgemeine körperlich-materielle Aspekt einer Disposition, eine Einstellung der individuelle psychisch-motivationale und eine Stimmung der spezifisch geistige). Das alles zusammen bezieht sich jeweils auf bestimmte Repräsentationen bzw. eine bestimmte Weltanschauung, um sich besser auf bestimmte Situationen zu verstehen, sie besser zu begreifen und in ihnen besser handeln zu können. Dispositionen kann man methodisch anhand der fünf Gegensätzlichkeiten aktiv-passiv, subjektiv-objektiv, diskontinuierlich-kontinuierlich, linear-zirkulär und zeitlich-räumlich analysieren und charakterisieren bzw. sie von diesen Unterschiedlichkeiten/Wahrnehmungsmustern her einordnen und so materiell verankern. Da alle Gegensätzlichkeiten mithilfe dieser fünf grundlegenden Unterschiedlichkeiten vollständig charakterisiert werden können (Kolb, 2017a), ist eine derartige Analyse vollständig.

Bezüglich des Gegensatzes aktiv-passiv kann man sich bzw. seine Stimmungen (die seine Strategien beeinflussen), Werthaltungen und Einstellungen entweder daran ausrichten, dass es besser ist, aktiv auf andere Menschen zuzugehen, um sie anhand ihrer Reaktionen z.B. auf bestimmte Arten von Provokationen, kennen zu lernen, oder aber, dass es besser ist, passiv zu bleiben und abzuwarten, wie die Betreffenden von sich aus handeln, um sie auf diese Weise einzuschätzen. Hinsichtlich des Gegensatzes subjektiv-objektiv kann man sich entweder daran ausrichten, dass es besser sei, sich zu behaupten, sich durchzusetzen und als Subjekt Macht über die anderen auszuüben, oder aber stattdessen sich zu fügen, zu dienen und für die objektiven Belange anderer da zu sein. Von dem Gegensatz diskontinuierlich-kontinuierlich ausgehend kann man entweder die Position einnehmen, es sei besser, durchaus sprunghaft alles Mögliche auszuprobieren, sich möglichst viele Anregungen zu holen, damit es einem etwas bringt und nicht langweilig wird, oder aber auf Sicherheit bedacht zu sein und z.B. kontinuierlich an Beziehungen festzuhalten, auch wenn man dabei auf vieles verzichten muss. In Bezug auf den Gegensatz linear-zirkulär geht man direkt auf sein Ziel zu und ist um geradlinigen Fortschritt bemüht, oder aber man nimmt Rückschläge hin und wartet geduldig Gelegenheiten ab, bis die anderen zufrieden gestellt sind und man dann erst die eigenen Ziele verfolgt.

Relativ zu dem Gegensatz zeitlich-räumlich forscht man entweder nach, woher Probleme kommen und wodurch sich einem Aufgaben stellen, welche zukünftigen Ideale erstrebenswert sind und welche gegenwärtigen Lösungsschritte dazu durchgeführt werden müssen, d.h. man bewegt sich frei in den drei Ekstasen der Herkunft, der Zukunft und der Ankunft (Kolb, 2017a), um die Technik seines Handelns immer mehr zu verbessern, ohne darauf zu achten, ob man anderen den Raum nimmt, man betont also die Zeitlichkeit, oder aber man lässt sich ein, teilt sozusagen den Raum mit den anderen (betont also das Räumliche), tauscht sich ausgiebig mit den anderen darüber aus, wie man die Wirklichkeit repräsentiert, und wenn jemand anderes einen verletzt oder sogar schadet, dann wandelt man seine negativen Empfindungen darüber um in planendes bzw. reaktives Verständnis, der andere habe das bestimmt nicht absichtlich gemacht, vielleicht habe man den anderen auch dazu eingeladen, z.B. einen auszunutzen, oder der andere habe etwas wie eine Krankheit oder ein Handikap, weswegen man ihm helfen sollte, d.h. man interpretiert die Verhaltensweise des anderen so, dass man ihm verzeihen kann oder er sogar unschuldig erscheint und einem leid tut, so dass man entsprechend reagiert und entweder sein eigenes Handeln ändert und ihn nicht mehr zum Ausnutzen einlädt, oder aber ihm hilft bei seiner Krankheit oder Behinderung.

Wenn man jeweils die erste Alternative bei den fünf Gegensätzen zusammenfasst, ergibt sich eine auf das eigene Selbst zentrierte Lebensstrategie, die von der Notwendigkeit der Selbst-Konsolidierung ausgeht, bevor man für andere da ist, während die anderen Alternativen insgesamt die Notwendigkeit der Selbst-Hingabe betonen, bevor man für sich selbst sorgt. Beides lässt sich jeweils in Bezug setzen mit den beiden hauptsächlichen Aufgabenbereichen, die sich einer Gemeinschaft stellen, nämlich die Regelung der Außenkontakte (Schutz vor Gefahren und das Herbeischaffen von Ressourcen) und das Erreichen einer möglichst großen Harmonie innerhalb der Gemeinschaft, damit sich dort jeder so wohl wie möglich fühlen kann.

Wer also der Gefahr des Ausgeschlossenwerdens entgehen will, sollte sich wenigstens in einem der beiden Bereiche nützlich machen, wobei zur Regelung der Außenkontakte die auf das eigene Selbst zentrierte Lebensstrategie der Notwendigkeit der Selbst-Konsolidierung am besten passt. Daher wird der Betreffende in der Kommunikation mit anderen seine Fähigkeiten und Fertigkeiten möglichst positiv darstellen, d.h. er wird in seinem Handeln versuchen aufzufallen und ausdrücken, dass er viel leisten und bewirken kann. Um zum Erreichen einer möglichst großen Harmonie beizutragen, passt die Notwendigkeit der Selbst-Hingabe optimal, und die betreffende Person wird sich in der Kommunikation mit anderen daher ausgesprochen um Harmonie bemühen und sich entsprechend hilfsbereit präsentieren bzw. dies in ihrem Handeln ausdrücken.

Typischerweise eignen sich zumindest in unserer Kultur die Jungs in der Pubertät die erste Haltung an und pubertierende Mädchen die zweite. Passend dazu belegen empirische Befunde, dass der Kontakt mit einer attraktiven Frau heterosexuelle Männer dazu anregt, aufzufallen und zu zeigen, was sie können. Entsprechend zeigen heterosexuelle Frauen sich von ihrer hilfsbereiten Seite, wenn sie Kontakt mit einem für sie attraktiven Mann haben oder gerade hatten. Dies mag mehrere Gründe haben, entsprechende Vorbilder, entsprechende Botschaften in den Medien, um nur ein paar Umwelteinflüsse zu nennen. Die Wahl der Haltung und die Wahl der Art und Weise, wie und in welchen Bereichen seiner/ihrer Gemeinschaft er/sie sich nützlich machen möchte, wird aber später auch dadurch beeinflusst, wie sich seine/ihre Sexualität entwickelt, womit ich alle Regungen meine, die sich ab der Pubertät zeigen, wenn die geschlechtliche Entwicklung immer mehr Emotionen und neue Absichten auslöst.

Da Frauen als Mütter aufgrund des Stillens sich für einen Säugling hingeben und Männer als Väter eines gerade geborenen Kindes dieses und die Mutter schützen und alles Notwendige für beide herbeischaffen, also die Außenkontakte dieser Dreiergemeinschaft regeln, bezeichne ich die dispositionale Ausrichtung auf die Notwendigkeit der Selbsthingabe, bevor man für sich selbst sorgt, als weibliches Prinzip, und die entsprechende Ausrichtung auf die Notwendigkeit der Selbst-Konsolidierung, bevor man für andere da ist, als männliches Prinzip.

Ich habe dies jeweils Prinzip und nicht Disposition genannt, weil dem weiblichen und dem männlichen Prinzip jeweils verschiedene Haltungen, Einstellungen und Stimmungen zugeordnet werden können. Männliches und weibliches Prinzip sind grundlegende Beziehungsmuster der Wahrnehmung, des Urteilens und des Erwartens, was auf die Interexistenzialität dieser Begriffe hinweist. Je älter die Kinder einer klassischen Klein-Familie werden, desto wichtiger wird es zumindest in unserer Kultur, dass die Eltern, also Mann und Frau, für sich die verschiedenen Aufgaben für die Familie entsprechend neu verteilen, so dass nicht nur der Mann die Außenkon-

takte regelt und die Frau sich nicht allein um die Harmonie innerhalb der Familie kümmert. Frauen können z.B. arbeiten gehen,
wenn ihre Kinder in der Schule sind, und Männer können ebenfalls
den Haushalt versorgen und für die Familie kochen, dass alle sich
möglichst wohl fühlen.

Wenn sich männliches und weibliches Prinzip nicht verbinden im Dasein, wenn das Dasein diese Gegensätzlichkeit nicht überwindet, sondern eines von beidem im Extrem ausgelebt wird, also
ausschließlich die Beziehung des Daseins zu seinem In-der-Welt-
Sein leitet, dann muss dies früher oder später zu einer Täuschung
bzw. Enttäuschung (Empfindung) führen, denn das jeweilige Prinzip
erfordert bei einer einseitigen Ausrichtung viel Kraft und Energie,
die bei größeren Belastungen oder spätestens ab einem bestimmten Alter nicht mehr zur Verfügung steht. Ferner ist es auch für die
Entwicklung eines Kindes wichtig, dass seine Eltern mit ihren Gegensätzlichkeiten gut umgehen und so einen tragfähigen Halt
schaffen, an dem jedes ihrer Kinder sich aufrichten kann. Ein Elternteil allein ist in der Regel überfordert, diesen Halt zu geben.

Wenn die betreffende Person mit dem im Extrem gelebten
weiblichen Prinzip scheitert, dann betrachtet sie als psychisches
Subjekt die als Objekt der Materie wahrgenommene Situation,
wenn sie aus ihrer Perspektive nur den Aspekt der Notwendigkeit
der Selbst-Hingabe bemerkt und die Probleme und Not der anderen nicht lindern kann, wenn sie also schließlich realisiert, dass ihre
Lebensstrategie gescheitert ist, betrachtet sie dies nicht als Situation der eigenen Unzulänglichkeit oder der der Welt wie auf der
Stufe des repräsentationalen Selbst, sondern als Situation der *fehlenden Wertschätzung* – teilweise empfindet sie sich selbst nicht als
wertvoll genug, geliebt zu werden, weil sie sich nicht oder nicht
mehr nützlich machen kann für andere, teils ist ihr gegenüber die
Welt nicht wertschätzend genug, die ihr die eigenen Anstrengungen und Verzichtleistungen nicht dankt (sie hat mehr gegeben als
bekommen), so dass sie sich für ihr In-der-Welt-Sein nicht mehr begeistern (Empfindung) und für nichts mehr Leidenschaft (Gefühl)
entwickeln kann, sondern sich schließlich um alles, meist sogar vor
allem um sich selbst, nur noch sorgt. Hier wird der Bezug zum

sechsten Sinn der ahnenden Vorausschau deutlich, wie ich ihn in „Dasein, um zu lieben" (Kolb, 2017a) beschrieben habe. Auf der Ebene der Affekte überwiegen die der Unstimmigkeit, ein Wechsel von oder eine Mischung aus den grundlegenden negativen Affekten des Daseins.

Wenn der Betreffende aber mit dem männlichen Prinzip scheitert, also aus seiner Perspektive nur den Aspekt der Notwendigkeit der Selbst-Konsolidierung bemerkt und seine Position nicht festigen kann, wenn er schließlich realisiert, dass seine Lebensstrategie gescheitert ist, bewertet er ebenfalls die wahrgenommene Situation nicht als Situation der eigenen Unzulänglichkeit oder der der Welt, sondern ebenfalls als Situation der fehlenden Wertschätzung – teils empfindet er sich selbst nicht als wertvoll genug, um geliebt zu werden, weil er noch nicht einmal für sich selbst sorgen kann, teils ist die Welt nicht wertschätzend genug, die seine Anstrengungen nicht richtig beachtet hat und ihm nicht genug Entfaltungsmöglichkeiten gibt oder gegeben hat, so dass er sich für sein In-der-Welt-Sein nicht mehr begeistern (Empfindung) und für nichts mehr Leidenschaft (Gefühl) entwickeln kann, sondern sich schließlich nur noch teils eifersüchtig um sich selbst sorgt. Auch hier wird der Bezug zum sechsten Sinn klar erkennbar (s.o.). Auf der Ebene der Affekte überwiegen ebenfalls die der Unstimmigkeit.

Bei zwei Beziehungspartnern, die jeweils die gemeinsame Situation aus der anderen dieser beiden Perspektive sehen und so den jeweils alternativen Aspekt bemerken, können beide die Vor- und Nachteile der eigenen Lebensstrategie und der des anderen erkennen und dadurch die Gegensätzlichkeit der beiden Aspekte überwinden und immer mehr Erfahrungen sammeln und dahingehend weiser werden, wann welche der beiden alternativen Lebensstrategien die bessere ist, wenn sie einander immer echter und unmittelbarer verstehen in ihrem Worumwillen, wenn sie sich also immer vollkommener lieben. Dann haben beide etwas von ihrem geschlechtlichen Selbst, wie ich es nennen will, gefunden, denn erst im Erkennen des anderen Aspekts wird ihnen die eigene Selbstwahl der entsprechenden Geschlechterrolle klar, wobei Frauen auch die typische Männerrolle und Männer die typische Frauenrolle gewählt haben können. Ihre Gefühle der mangelnden Wertschätzung können sie nun konstruktiv nutzen, um sich immer mehr mit ihrer Zusammengehörigkeit mit ihrem Partner bzw. ihrer Partnerin auseinanderzusetzen, und, je mehr diese Zusammengehörigkeit sich entwickelt, desto mehr Begeisterung und Leidenschaft löst dies aus und desto mehr drängt dies die jeweilige Sorge oder Eifersucht zurück, indem sich beide darin üben, immer wieder die Alternativen auszuprobieren, so dass sie sich gegenseitig im Laufe ihrer Entwicklung auf der Ebene ihres geschlechtlichen Selbst immer mehr finden, und dabei kann sich dann die Liebe zum anderen und zu sich selbst immer besser entwickeln.

Wenn dann der Gegensatz Selbst- und Fremdfürsorge vollständig überwunden wäre, wäre die vollkommene Liebe erreicht, und man hätte den anderen und sich selbst vollkommen gefunden. Je öfter und durchgängiger wir uns im Alltag begeistern, je mehr wir unsere Herkunft, Zukunft und Ankunft im Alltag dankbar wertschätzen können, desto weiter sind wir auf dem Weg zur vollkommenen Liebe gekommen. Aufgrund der dankbaren Wertschätzung bemühen wir uns nämlich um immer echtere Auskunft über Herkunft, Zukunft und Ankunft unserer bzw. in unserer momentanen Situation, eine notwendige und hinreichende Bedingung, um uns immer mehr der Utopie der vollkommenen Liebe zu nähern (s. 2.2).

Meine bisherige Beschreibung betrifft natürlich nur den Idealfall der menschlichen Entwicklung zur vollkommenen Liebe hin. Störungen kann man auf den verschiedenen Entwicklungsebenen an Folgendem erkennen: wenn auf der Ebene des *physischen* Selbst eine Störung vorliegt und der Betreffende hier sich nicht mehr weiter findet oder sich selbst gar verloren hat, nimmt er als Objekt der Materie in manchen Bereichen sinnlich-affektiv nicht wahr, was er mit seinem Verhalten in seiner physischen Umwelt bewirkt oder auslöst, er kann als psychisches Subjekt seine Lage nicht begreifen und daher als Objekt der Psyche nichts richtig empfinden, und er weiß auch nicht, wie er das Ganze als geistiges Subjekt verstehen soll und welche Maßnahmen er ergreifen könnte; entsprechend auf der Ebene des *sozialen* Selbst nimmt er als Objekt der Materie in manchen Bereichen sinnlich-affektiv nicht wahr, wie sehr er andere z.B. ärgert, stört, belästigt, verletzt, behindert, gefährdet oder gar schädigt, er betrachtet als psychisches Subjekt das Geschehen so, als werde nur er beeinträchtigt und ist darüber als Objekt der Psyche wütend oder als Objekt des Geistes zornig und sinnt in der Regel auf Möglichkeiten, sich zu rächen, da er sich als Objekt der Psyche ungerechterweise benachteiligt fühlt aufgrund schlechter Lebensbedingungen, die er als psychisches Subjekt zu erkennen glaubt – er hadert sozusagen mit seiner *Herkunft*; auf der Ebene des *teleologischen* Selbst nimmt er als Objekt der Materie sinnlich-affektiv in manchen Bereichen nicht wahr und begreift es auch nicht als psychisches Subjekt, wie wenig planvoll er sein Leben organisiert hat, er beurteilt dieses Geschehen als Objekt des Geistes so, als herrsche um ihn herum Chaos oder als ob er einfach hilflos sei und empfindet entsprechend große Angst und sucht als geistiges Subjekt oft vergeblich nach Möglichkeiten, wie er sich am besten schützen bzw. sich helfen kann – er hat Angst vor der *Zukunft*; auf der Ebene des *intentionalen* Selbst nimmt er als Objekt der Materie in manchen Bereichen nicht wahr und begreift auch nicht als psychisches Subjekt, wie wenig Geduld er mit sich und anderen hat, wie wenig er abwarten kann und wie wenig er sich um Bündnisse bemüht, er betrachtet dieses Geschehen als psychisches Subjekt so, als ob es nur Rückschläge gebe und man alleingelassen sei, alles hoffnungslos sei und ihm niemand helfen könne, so dass er als Objekt der Psyche vor allem Leid deswegen empfindet, und sucht als geistiges Subjekt meist vergeblich nach Möglichkeiten, wie er seine Verzweiflung aushalten kann – er hat das Gefühl, in einer leidvollen Welt angekommen zu sein (leidvolle *Ankunft*); auf der Ebene des repräsentationalen Selbst nimmt er als Objekt der Materie in manchen Bereichen nicht wahr und begreift auch nicht als psychisches Subjekt, dass andere die Wirklichkeit anders bei sich repräsentieren, unter anderen Gesichtspunkten betrachten als er, und wie wenig Vertrauen er in andere oder zu sich selbst hat, da es aufgrund seines mangelnden Begreifens immer wieder zu Missverständnissen kommt. Er beurteilt das Geschehen als psychisches Subjekt so, als ob entweder er oder die anderen daran schuld seien, er verurteilt also sich und/oder andere, so dass er als Objekt der

Psyche und des Geistes hauptsächlich Enttäuschung, Entrüstung, Scham und Schuld deswegen empfindet oder fühlt, und sucht als körperlich-materielles und geistiges Subjekt zu wenig die Freundschaft mit anderen und meist vergeblich nach Möglichkeiten, wie er seine Unzulänglichkeit oder die der Welt überwinden kann – er hat das Gefühl, in einer Welt zu existieren, die *Auskunft* über zu viele entrüstende Dinge (die eigenen oder die von anderen) gibt.

Auf der Ebene des *geschlechtlichen* Selbst nimmt er in manchen Bereichen als Objekt der Materie nicht wahr und begreift auch nicht als psychisches Subjekt, dass die eigene Einstellung, dass nur Selbst-Hingabe oder aber nur Selbst-Konsolidierung notwendig sei, nicht angemessen ist und mit der Zeit zu einer Erschöpfungsdepression oder zu Egozentrik und in die Isolation führt, weil seine einseitige Lebensstrategie früher oder später immer versagt, spätestens im Alter, wenn die Kraft dafür fehlt. Deswegen betrachtet er als psychisches Subjekt sein Scheitern so, als ob er oder die Welt wertlos seien, so dass er als Objekt der Psyche mit immer stärkeren negativen Affekten, dass hier etwas nicht stimmt, eine tiefe Enttäuschung deswegen empfindet, und sucht als geistiges Subjekt meist vergeblich nach Möglichkeiten, wie er seine Wertlosigkeit oder die mangelnde Wertschätzung der Welt, wie er es empfindet, überwinden kann – er hat das Gefühl, in einer Welt zu leben, in der es keine *Wertschätzung* und keine *Liebe* gibt, durch die er sich begeistern und für etwas Leidenschaft entwickeln kann. Meistens tritt diese Katastrophe dann ein, wenn das Dasein mit einem Beziehungspartner zusammengekommen ist, der entweder dieselbe Lebensstrategie verfolgt oder der das befindlich-erwartungsvolle Verstehen weder von sich selbst noch von anderen in deren oder seinem Worumwillen weiterentwickeln kann, weil er schon auf einer der früheren Entwicklungsebenen des Selbst nicht mehr weiterkommt oder sogar Rückschritte macht.

Immer wieder und immer mehr zu merken, was ich bewirke, immer wieder die Wut/den Ekel bei Überforderungssituationen und den Zorn/die Abscheu über konkrete Ungerechtigkeiten aus der Vergangenheit, die Angst vor der Zukunft, weil ich dafür

Verantwortung übernommen habe, und insbesondere wegen meiner Sterblichkeit, oder die Furcht vor etwas Konkretem, z.B. einer bestimmten Art des Todes, das Leid bei Hoffnungslosigkeit und die Trauer über die momentane Situation und Scham wegen meines Daseins und Schuldgefühle wegen etwas Bestimmtem und die Enttäuschung über die Welt oder Entrüstung wegen etwas Bestimmtem konstruktiv zu nutzen und dadurch immer mehr zu überwinden, und mich immer wieder für den Alltag mit oder ohne einen Beziehungspartner zu begeistern, indem ich meine Herkunft, Zukunft und Ankunft immer mehr wertschätze, dafür dankbar bin – solange mir das gelingt, und das muss der „Anspruch der Vernunft" (Cavell, 2006) sein, bin ich auf dem Weg, der das Ziel ist. Der Weg zur vollkommenen Liebe, die stetige Weiterentwicklung meiner Liebesfähigkeit, wird also nicht nur als Möglichkeit von mir selbst in meinem Dasein gefordert, ich kann diese das gesamte Leben umgreifende Forderung immer wieder auch faktisch erfüllen.

Das Dasein bleibt aufgrund seiner Herkunft immer mit seiner Mutter verbunden. Diese Verbindung ist sozusagen in seinem Modus als Genus unauflösbar verankert, da Menschsein rekursiv definiert ist dadurch, dass man eine menschliche Mutter haben muss. Aus dieser Verbindung heraus entstehen dann auch alle möglichen Formen des Zusammenseins des Daseins (im Modus des Genus) mit anderen Menschen. Es sind die Formen der Einheit als Erweiterung, z.B. wenn jemand im Koma liegt und wir ihn versorgen, wie das Dasein sie mit seiner Mutter ganz am Anfang seiner Existenz gehabt hat, die Formen der Auseinandersetzung und Toleranz, wie das Dasein sie mit seiner Mutter auf der Ebene des sozialen Selbst geübt hat, Formen von gegenseitigem Beschützen, wie das Dasein sie mit seiner Mutter auf der Ebene des teleologischen Selbst geprobt hat, Formen von gegenseitiger Hilfe und Unterstützung und Zusammenarbeit und kurzfristigen Bündnissen, wie das Dasein sie mit seiner Mutter auf der Ebene des intentionalen Selbst gelernt hat, Formen der sprachlichen Kommunikation, des Austauschs und der längerfristigen Freundschaft, der Beratung und Diskussion innerhalb einer Sprachgemeinschaft oder Nation oder der gesamten Menschheit, wie das Dasein sie mit seiner Mutter auf der Ebene des repräsentationalen Selbst sich angeeignet hat, und Formen der sexuellen Partnerbeziehung, wobei das Dasein auf der Ebene des geschlechtlichen Selbst die ursprüngliche Einheit, wie sie mit seiner Mutter bestanden hat, mit dem Partner herzustellen versucht und damit das utopische Ziel der vollkommenen Liebe anstrebt.

Diese Formen der Beziehung können sowohl konstruktiv als auch destruktiv verlaufen. Im destruktiven Fall wird aus der Form der Einheit als Erweiterung Vernachlässigung, aus der Form der Auseinandersetzung Streit und Krieg, aus der Form des gegenseitigen Beschützens Im-Stich-Lassen, aus der Form der Zusammenarbeit Betrug, aus der Form der Freundschaft Ausbeutung und Missachtung der Menschenwürde und der Form der sexuellen Partnerbeziehung Unzucht und Missbrauch.

Wie lässt sich nun der Umgang mit der Sexualität aus daseinsanalytischer Perspektive beschreiben? Gemäß dem weiblichen Prinzip geht es der betreffenden Person vor allem um die Harmonie innerhalb der Gemeinschaft, dass jeder sich so zufrieden und wohl wie möglich fühlt, und dafür stellt sie eigene Belange und Bedürfnisse gern zurück. Sie beobachtet und analysiert, welche Lüste und Begierden der andere hat, und bemüht sich je nach dem darum, diese zu befriedigen. Sie hinterfragt dabei, welche Lüste und Begierden die Harmonie der jeweiligen Gemeinschaft (z.B. auch ihrer momentanen Partnerschaft) stören könnten, wenn sie entweder erfüllt oder aber nicht erfüllt werden, so dass sie durch entsprechende Handlungen ihre Macht und ihren Einfluss stärken kann. Mit dieser Problematisierung des Begehrens, unter welchen Umständen seine Erfüllung oder seine Nicht-Erfüllung die Harmonie jeweils stören oder fördern kann, haben wir ein wesentliches Charakteristikum der weiblichen Sexualität getroffen, wie ich die sexuelle Praxis nennen möchte, die sich am weiblichen Prinzip ausrichtet.

Entsprechend möchte ich die männliche Sexualität als diejenige sexuelle Praxis bezeichnen, die sich am männlichen Prinzip ausrichtet, und deren wesentliches Charakteristikum darin besteht, dass es beim Begehren nur das Problem gibt, ob und wie eine Erfüllung erreicht werden kann oder nicht und wie dadurch die Macht des Betreffenden gesteigert werden kann oder möglicherweise geschwächt wird. Wenn ein Mann sich dann konsolidiert fühlt, kann er z.B. die Ressourcen der Gemeinschaft durch eigene Nachkommen stärken und so seinen Einfluss innerhalb der Gemeinschaft vergrößern, auch wenn er bei dem dazugehörigen sexuellen Akt seine Kräfte schwächt. Letztlich wird also bei beiden Formen der Sexualität danach gestrebt, die eigene Macht in der jeweils eigenen Form der weiblichen bzw. männlichen Machtausübung zu stärken (Kolb, 2017c, S. 148 ff., 4. und 5. Kapitel). Zumindest ursprünglich scheint es in der Sexualität nur um Macht und nicht um Liebe zu gehen. Am Beispiel der Griechen in der Antike habe ich gezeigt (ebenda), wie sich bei der männlichen Sexualität zumindest bei Platon und Aristoteles das Machtstreben gewandelt hat und über ein Streben nach Wahrheit oder Glückseligkeit sich immer mehr auf die vollkommene Liebe ausgerichtet hat.

3.5. Psychoanalytische Begriffe aus daseinsanalytischer Sicht

Kommen wir nun zu den Zusammenhängen zwischen Liebesfähigkeit, Über-Ich-Bildung und Sublimationsfähigkeit und Betrachtungen, was Bewusstsein, Unbewusstes und Träumen bedeuten:

Wenn jemand ethische Tugenden (generelle Verhaltensregeln einer bestimmten Gemeinschaft), z.B. die nach Aristoteles (Aristoteles, 1985), verinnerlicht hat, würde man in der Terminologie der psychoanalytischen Theorie sagen, er habe ein Über-Ich entwickelt. Solange dies noch rudimentär ist, befolgt der Betreffende die ethischen Tugenden nur deswegen, weil er negative Konsequenzen wie etwa eine Strafe fürchtet. Je mehr ein Kind aber seine Eltern echt und unmittelbar versteht in ihrem Worumwillen, also je mehr es seine Eltern vollkommen liebt, desto bereitwilliger übernimmt es deren ethische Tugenden, und wenn es danach handelt, ist die Wahrnehmung der tugendhaften Folgen seines Handelns umso mehr mit Lust verbunden. Je mehr die Regeln und Normen des Über-Ichs verstanden werden über das Verstehen des Worumwillens der Eltern, desto weiter entwickelt ist es in der Sprache der psychoanalytischen Theorie. Wenn dieser Lust aber etwas gegenübersteht, z.b. eine enorme Furcht vor der Strenge der Eltern oder die Befürchtung, ein Elternteil könnte überlastet sein und zusammenbrechen, wenn das Kind sich nicht bemüht und gut handelt, wenn die Lust also der Kompensation dient, dann ist das Verständnis des Worumwillens der Eltern begrenzt, und das Über-Ich kann sich so nicht weiterentwickeln. Solange also Lust mit Liebe bzw. wachsendem echten und unmittelbaren Verständnis verbunden ist, bilden sich die ethischen Tugenden immer mehr aus bzw. reift das Über-Ich des Kindes immer weiter heran.

Wenn jemand Lust in Verbindung mit den fünf dianoietischen Tugenden Verstand, Wissenschaft, Kunstfertigkeit, Klugheit und Weisheit (Aristoteles, 1985) hat, dann wird dies in der psychoanalytischen Terminologie so ausgedrückt, dass die betreffende Person fähig ist zu sublimieren. Sie hat dann nämlich einen Lustgewinn unabhängig von der Sexualität. Da die dianoietischen Tugenden die ethischen formen, wird hier ein Zusammenhang zwischen Sublimation und der Entwicklung des Über-Ichs deutlich, der meines Wissens in der psychoanalytischen Literatur nicht erwähnt wird: je größer die Liebesfähigkeit eines Menschen ist, desto größer ist auch seine Sublimationsfähigkeit, und beides beeinflusst das Über-Ich derart, dass es immer reifer wird.

Wie ich in „Liebe, Macht und Sexualität" (Kolb, 2017c) im 9. Kapitel ausgeführt habe, ist *Bewusstsein* ein Zustand ständigen Vergleichen-Könnens von Gedächtnisinhalten mit anderen Gedächtnisinhalten, mit Vorstellungen und mit Geschehnissen, die wir wahrnehmen, wahrgenommen haben und die wir uns vorstellen oder vorgestellt haben. Im Unterschied zum Bewusstsein habe ich dort noch den Begriff der *Bewusstheit* eingeführt, der ausschließlich bei uns Menschen vorkommt, indem wir (1) im Modus des Genus vergleichen, wie wir bestimmte Wahrnehmungen subjektiv begreifen, begriffen haben oder begreifen können, (2) im Modus der Spezies, wie wir unsere Entscheidungen möglichst geschickt in

Handlungen umsetzen, umgesetzt haben oder umsetzen können, und (3) im Modus des Individuums, wenn ich erkenne, zu welchen Entscheidungen das Vergleichen meiner Repräsentationen über die entsprechende Ergriffenheit mich führt, geführt hat oder führen kann bzw. zu welchen Vorstellungen der Möglichkeiten meines Seinkönnens, zwischen denen ich dann wählen kann. Ich benutze dann nämlich jeweils die Funktionen des Kreises des weisen oder verantwortlichen Handelns. Bei der Bewusstheit geht es also, was die Gedächtnisinhalte beim Vergleichen-Können betrifft, um die des emotionalen Gedächtnisses und deren Integration im biografischen, was nur mit Bewusstheit möglich ist.

Insofern ist alles das *unbewusst*, was uns nicht bewusst ist, was wir also nicht mit etwas anderem vergleichen können, entweder weil wir keinen faktischen Zugang zu Vergleichsdaten haben, oder weil wir uns aus irgendeinem Grund von uns abkehren oder abgekehrt haben. In letzterem Fall ist uns der Vergleich nach Heidegger erschlossen, also prinzipiell zugänglich, wir haben uns aber davon abgekehrt, wir halten uns in der Ungewissheit auf, weil wir aufgrund zu starker Erregung bestimmte emotionale Inhalte nicht in unserem biografischen Gedächtnis integrieren und uns dadurch am Vergleichen-Können hindern, solange der betreffende Gedächtnisinhalt nicht durch etwas angeregt wird. Das Gegenstück von Bewusstsein bzw. Vergleichen-Können ist ein Unvermögen, aber das Gegenstück von Bewusstheit ist das Halten in der Ungewissheit oder in der Unklarheit. Aufgrund der Abkehr von sich selbst, ist man sich bestimmter eigener Regungen nicht bewusst, man kann etwas nicht vergleichen, weil es nicht im biografischen Gedächtnis integriert ist und gerade auch nicht anderweitig angeregt wird. Dieser Bereich von dem, was uns nicht bewusst ist, ist das eigentliche Phänomen des *psychoanalytischen Unbewusstseins als Gegenteil von Bewusstheit*, ein ausgezeichnetes Phänomen, nämlich „solches, was sich zunächst und zumeist gerade *nicht* zeigt, was gegenüber dem, was sich zunächst und zumeist zeigt [in diesem Fall die so genannten unbewussten Regungen oder Freud'schen Fehlleistungen], *verborgen* ist, aber zugleich etwas ist, was wesenhaft zu dem, was sich zunächst und zumeist zeigt, gehört, so zwar, dass es seinen

Sinn und Grund ausmacht" (Heidegger, Sein und Zeit, 2006a, S. 35). Unbewusstheit ist immer unklar, ist Verdrängung, Bewusstheit aber ist klärend und hebt die Verdrängung auf.

Was aber kann ein Grund sein bzw. was bedeutet es ontologisch, dass das Dasein die Ungewissheit gewählt hat, dass es sich von seiner Bewusstheit abkehrt? Wenn es im Modus des Genus Begriffenes nicht vergleichen will und sich so von ihm selbst abkehrt, indem es sich in der Ungewissheit hält, dann sind die wahrgenommenen Gegensätze zu groß, die entsprechenden Affekte zu stark, so dass es nicht genug *Kraft* hat, sich damit auseinanderzusetzen, und daher diese Affekte abspaltet. Im Modus der Spezies erscheinen dem Dasein die praktischen Schwierigkeiten zu groß und die entsprechenden Gefühle und Erwartungen zu schlimm, so dass es sich nicht genug Fähigkeiten und Fertigkeiten zutraut, mit diesen Schwierigkeiten fertig zu werden, bzw. nicht genug *Mut* hat, sich damit auseinanderzusetzen, und daher entweder durch Apathie oder durch Aktionismus seine Gefühle bewältigt. Im Modus des Individuums sind das, was das Dasein von den wahrgenommenen Gegensätzlichkeiten begreift oder begriffen hat, und die entsprechenden Empfindungen zu belastend, so dass das Dasein nicht genug *Selbstvertrauen* hat, die richtigen Entscheidungen zu treffen angesichts der schlimmen Möglichkeiten, die auf es zukommen können, und entsprechend zu planen, und daher seine Empfindungen abwehrt. Das Verhältnis von Dasein und Welt, also die Beziehung des Daseins zu seinem In-der-Welt-Sein, sein Leben, ist gestört.

Die häufigste Art, wie wir damit beginnen, uns in der Ungewissheit zu halten und so bei uns Unbewusstheit zu erzeugen, ist die, dass wir uns nicht für die Auswirkung unseres Handelns auf andere interessieren. Entweder spalten wir schon in diesem Moment die affektive Wahrnehmung ab, weil uns die Kraft fehlt, uns mit den Auswirkungen bzw. der Realität auseinanderzusetzen, oder wir verarbeiten zwar die Tatsache, dass wir uns getäuscht haben oder von der Auswirkung unangenehm überrascht sind, wehren dann aber sämtliche daraus resultierende Empfindungen, jegliche Selbstbetroffenheit ab, weil uns das Selbstvertrauen fehlt, gut zu entscheiden und Katastrophen zu vermeiden, oder, wenn wir doch begreifen, verfallen wir in Apathie oder Aktionismus, weil uns der Mut fehlt, unsere Entscheidungen umzusetzen und effektiv problemlösend zu handeln.

Als Individuum sind wir bei Bewusstsein, wenn wir von etwas ergriffen sind, von einer Repräsentation aus unserem Gedächtnis oder von etwas, was wir (affektiv) wahrgenommen und dann uns einen Begriff bzw. eine Repräsentation gemacht haben, und diese Repräsentation mit anderen Repräsentationen mit einer entsprechenden Ergriffenheit vergleichen. Dabei kann es sich um ein so genanntes Wachbewusstsein handeln, wenn unser Dasein in Kontakt mit der echten Welt ist, oder um das Bewusstsein während eines Traums oder eines Tagtraums bzw. einer Trance, wenn wir in Kontakt mit einer anderen „Welt" sind (frühere Zeiten, Phantasie usw.). Der Unterschied zwischen beiden Arten des Bewusstseins ist uns nicht immer klar. Als Trance bezeichne ich jeden Zustand, in welchem wir nicht schlafen, aber vom aktuellen Geschehen abgekoppelt, also im Modus des Genus nicht bewusst sind, wobei dieser Zustand einen erkennbaren Moment anhält und wir hinterher z.B. sagen, wir hätten etwas länger an etwas gedacht, uns erinnert oder uns etwas vorgestellt oder überlegt.

Wenn Bewusstheit bei Träumen auftritt, dann werden diese Träume häufig als Klarträume oder luzide Träume bezeichnet. Wie man insgesamt sowohl im Modus des Genus, als auch im Modus der Spezies und des Individuums sehen kann, kann ich bei der typisch menschlichen Bewusstheit im Unterschied zum einfachen Bewusstsein, welches auch Tiere haben können, in die drei zeitlichen Ekstasen der Herkunft (Bewusstheit als Genus), der Zukunft (Bewusstheit als Individuum) und der Ankunft (Bewusstheit als Spezies) entrückt werden, aber auch in die räumliche Ekstase der Auskunft, wenn ich mir z.B. bestimmte vergessene bzw. verdrängte Gedächtnisinhalte wieder zurückhole (Kolb, 2017c).

Man mag sich nun fragen, welchen evolutionären Fortschritt das Träumen gebracht hat. Wozu soll es gut sein, dass wir nachts beim Schlafen träumen und nicht einfach nur tief und fest schlafen? Neurobiologen haben herausgefunden, dass während des Schlafens vom Hirnstamm Aktivitäten ausgehen (z.B. wenn unsere Körpertemperatur zu sehr absinkt), die scheinbar chaotisch zu Aktivitäten im gesamten thalamokortikalen System führen, wodurch wir ein Traumbewusstsein bekommen, welches durch das limbische System, welches ebenfalls dabei aktiviert wird, jeweils eine bestimmte Ergriffenheit der verschiedenen Reize im thalamokortikalen System erhält, so dass wir die aktivierten und emotional erregten Inhalte vergleichen können – das ist das Traumbewusstsein als ein Zustand des Vergleichen-Könnens. Um diesen verschiedenen Reizen als sich selbst organisierendes System einen Sinn zu geben, so meint Thomas Metzinger, erzählt das Gehirn sich selbst ein irgendwie passendes Märchen (Metzinger, 2014, S. 211). Den einzig gesicherten Anpassungsvorteil, den biologisch betrachtet Säugetiere durch das Träumen bzw. durch die Aktivierung des Hirnstammes hätten, sei der, dass dadurch auch während des Schlafes die Körpertemperatur geregelt werde (ebenda). Dass es noch einen weiteren gesicherten Anpassungsvorteil gibt, zeigen folgende empirische Befunde:

1. Als man bei einem Experiment Versuchspersonen am Träumen aber nicht am Schlafen hinderte, indem man sie dann und nur dann konsequent weckte, wenn sich bei ihnen eine REM-Schlafphase zeigte, bekamen sie nach drei oder vier Nächten Halluzinationen und Wahnvorstellungen, so dass man den Versuch abbrechen musste.

2. Wenn man die Gehirnstruktur von Tieren ohne REM-Schlaf wie z.B. vom Ameisenbär mit der von uns Menschen vergleicht, dann zeigt sich, dass wir von den Proportionen her ein so großes Volumen an Front- und Schläfenlappen bräuchten, dass wir es kaum in einer Schubkarre vor uns herschieben könnten.

Da in den Front- und Schläfenlappen die so genannten Tagesreste gespeichert sind, also alle möglichen Informationen, die wir zwar aufgenommen, aber nicht weiterverarbeitet haben, passt dieser Befund zu Freuds Feststellung, dass derartige Tagesreste den Anstoß zu Träumen geben, so dass diese Informationen verarbeitet werden und der Speicherplatz in den Front- und Schläfenlappen wieder frei wird. Der Anpassungsfortschritt besteht also darin, dass „Hardware" (Front- und Schläfenlappen) eingespart und dafür eine „Software" (die Möglichkeit des Träumens) entwickelt wurde. Wenn in den Front- und Schläfenlappen wegen Platzmangel nichts mehr gespeichert werden kann, bekommt man Halluzinationen und Wahnvorstellungen.

Durch die Erforschung dieser „Software" haben wir die Möglichkeit, bestimmte unbewusste Varianten der Informationsverarbeitung unseres Gehirns zu entdecken, die während des Wachbewusstseins meistens verdeckt, also nicht bewusst ablaufen und höchstens noch während des Tagträumens erkannt werden können. Freud nannte diese Forschung den Königsweg zum Unbewussten. Was Freud das Unbewusste nannte, und ich „bestimmte unbewusste Varianten der Informationsverarbeitung", die uns während des Wachbewusstseins nicht auffallen, diese Varianten benutzen nicht den Vergleich mit irgendwelchen Repräsentationen, die wir von unserer Umwelt, von anderen und von uns selbst gebildet haben, sondern nur unseren Kontingenzentdeckungsmechanismus, den schon kleine Säuglinge von Geburt an haben (Fonagy, Gergely, Jurist, & Target, 2008, S. 225). Das Gehirn hat ja von Anfang an die Tendenz, verschiedene gleichzeitige Reize zu einem Gesamteindruck zusammenzufassen (Metzinger bezeichnet dies beim Träumen als „Märchen erzählen"), worin ich die Grundlage des Kontingenzentdeckungsmechanismus gesehen habe (Kolb, 2017c, S. 36 ff., 2. Kapitel).

Unbewusst ist also jede Art der Verarbeitung (von Informationen, die uns als Reize unserer Sinne vorliegen), die nicht den Vergleich mit Repräsentationen aus unserem Gedächtnis benutzen. Daher ist Freuds Methode der freien Assoziation, bei der nichts anderes als dieser Kontingenzentdeckungsmechanismus verwendet wird, so erfolgreich bei der Erforschung unserer Träume. Man kann die entsprechende Ebene der Informationsverarbeitung auch subpersonal statt unbewusst nennen, wenn man davon ausgeht, dass eine Person sich dadurch auszeichnet, dass sie eine Hülle von Repräsentationen bildlich gesprochen um sich herum hat, durch die sie hindurchtönt (von lat. personare), so dass subpersonal bedeutet, dass diese Hülle von Repräsentationen nicht benutzt wird und daher auch keine Person hindurch tönen kann.

Ein weiteres Phänomen, welches man durch unbewusste oder subpersonale Informationsverarbeitung erklären kann, ist der so genannte Ammenschlaf. Indem eine Amme auf der subpersonalen Ebene eine feste Assoziation herstellt zwischen der Lautäußerung ihres zu betreuenden Kindes und ihrem eigenen Weckimpuls, kann sie einerseits fest schlafen, andererseits aber sofort aufwachen, sobald das betreffende Kind aufwacht und unruhig wird. Möglicherweise wird unser gesamter Wach-Schlaf-Rhythmus und evtl. noch andere Rhythmen, z.B. der Atemrhythmus, durch bestimmte Assoziationen und damit zu einem hohen Prozentsatz subpersonal geregelt. Insofern kann auch das bewusste Beobachten unseres Atems ähnliche Aufschlüsse geben wie Freuds Traumanalyse.

Insbesondere bei der Bewusstheit als Individuum, wenn ich beim Verstehen bewusst mit der Wahl zwischen den verschiedenen Möglichkeiten meines Seinkönnens konfrontiert bin, aber auch bei der Bewusstheit als Spezies, wenn ich nach einer Entscheidung mir eine möglichst geschickte Umsetzung in Handlungsweisen überlegen muss, und bei der Bewusstheit als Genus, wenn ich beim Begreifen mir meiner eigenen Repräsentationen von der Welt, von anderen und von mir selbst bewusst werde, die ich meinen Wahrnehmungen unterlege, so dass ich die Last meiner Ergriffenheit ertragen muss – sobald ich mir jeweils bewusst mache, dass ich Subjekt bin, und zwar geistiges, materielles und psychisches, bin ich ganz auf mich allein gestellt, bekomme die Vorstellung von Einsamkeit und erlebe diese Einsamkeit, die mit entsprechenden Emotionen von Schmerz, Leid und Trauer, aber auch von Aufbrausen, Wut und Zorn darüber, in diese Situation der Einsamkeit geworfen worden zu sein, und Schreck, Angst und Furcht, aus dieser Einsamkeit nie mehr herauszukommen, verbunden ist. Die Einsamkeit überschattet sozusagen die ganze Beziehung zu meinem In-der-Welt-Sein. In dieser Einsamkeit als Subjekt bin ich daher ganz auf mein eigenes Selbst zurückgeworfen und erlebe so bewusst das Leid des

Getrennt-Seins von der vollkommenen Liebe. Als Subjekt bin ich meiner Einsamkeit unterworfen (=subiectum) und aufgefordert, mich zu regen und etwas zu tun. Bewusstheit kann man daher auch als typisch menschliches Aktiv-Sein bezeichnen, welches mich auf dem Weg zur vollkommenen Liebe vorantreiben kann, sodass Meister Eckart meinte, Leid sei das schnellste Ross zu Gott, und Bewusstheit stellt das Ziel jeder psychoanalytisch begründeten Psychotherapie dar, dass jeder, sowohl Behandler als auch Behandelte jeweils auf ihr eigenes Selbst zurückgeworfen werden. Dadurch wird bei beiden die Entwicklung ihrer Liebesfähigkeit gefördert, was von Freud so allerdings nicht formuliert wurde.

Bei der Betrachtung unseres Selbst ergibt sich folgendes: Einerseits gibt es das Phänomen des Ich, etwas Bewusstes bzw. Personales, was jeder durch Vergleich mit anderem unterscheiden kann (bewusste Wahrnehmung) als das, was sich gewöhnlich lautstark und direkt meldet und durch die Hülle der Repräsentationen von der Welt, von anderen und von sich selbst hindurchtönt. Zum Teil gehört das Ich zum Selbst, zum Teil täuscht sich das Dasein aber auch darin, wenn es bestimmte Ich-Anteile für einen Teil seines Selbst hält. Das Ich hat (1) einen psychischen Aspekt, inwiefern das Dasein meint, sich selbst zu begreifen und über sich selbst Bescheid zu wissen, was es z.B. durch Erzählungen über sich selbst und seine bisherige Entwicklung ausdrückt, (2) einen geistigen Aspekt, für welche Möglichkeiten des Seinkönnens das Dasein glaubt, sich entscheiden zu können, welche Rollen und Funktionen dem Dasein zur Verfügung stehen, und (3) einen materiellen Aspekt, inwieweit das Dasein räumlich und zeitlich zwischen seinem eigenen Körper und allem anderen unterscheiden kann. Das Ich ist relativ und anhängig von der Situation.

Andererseits gibt es das Phänomen des Selbst, welches in seiner ganzen Fülle ein ausgezeichnetes Phänomen im Sinne Heideggers (s.u.) ist, zum großen Teil ein unbewusster bzw. subpersonaler Anteil, den wir nur näherungsweise und sehr schwer erkennen können, am besten durch die Erforschung von Träumen oder durch das bewusste Erleben von Trancezuständen, so dass die derart erkannten Teile des Selbst dann zum Ich dazukommen. Das

Selbst ist absolut und unabhängig von Situationen, Raum und Zeit. In der Utopie der vollkommenen Liebe wären Ich und Selbst dasselbe. Phänomen in einem ausgezeichneten Sinne bedeutet nach Heidegger, dass sich hier etwas (das Selbst) sehr indirekt meldet, nämlich „solches, was sich zunächst und zumeist gerade *nicht* zeigt, was gegenüber dem, was sich zunächst und zumeist zeigt [das Ich in diesem Fall], *verborgen* ist, aber zugleich etwas ist, was wesenhaft zu dem, was sich zunächst und zumeist zeigt, gehört, so zwar, dass es seinen Sinn und Grund ausmacht" (Heidegger, Sein und Zeit, 2006a, S. 35).

Die Existenz des Phänomens des Selbst, welches über das Phänomen des Ichs hinausgeht, steht und fällt damit, ob das menschliche Dasein einen Sinn und Grund (keine Ursache) hat oder nicht. Das Phänomen des Selbst benötigt keine Ursache und kann auch keine haben, da es absolut ist und daher nicht von dieser (relativen) Welt. Früher habe ich gezeigt, dass Sinn und Grund unseres Daseins die Entwicklung unserer Liebesfähigkeit in Richtung der vollkommenen Liebe ist. Dies ist nicht nur sinnvoll, sondern wird von unserem Dasein bezeugt, und diese Entwicklung liegt im Bereich des Möglichen (s. 2.2), so dass diese Entwicklung der Liebesfähigkeit, auch wenn wir die Utopie der vollkommenen Liebe nicht erreichen, nicht nur den Sinn, sondern auch den Grund unseres Daseins ausmacht. Von unserem Selbst her ist daher bei den Erzählungen über uns selbst und die eigene Entwicklung nur die Betrachtung der bisherigen Entwicklung unserer Liebesfähigkeit wichtig, was uns dann positiv motivieren kann. Nur diejenigen Ich-Funktionen haben eine Bedeutung, die uns immer mehr dahingehend befähigen, so zu handeln, dass wir uns idealerweise nicht täuschen, und bezüglich des Körperlich-Materiellen geht es immer mehr darum, für andere und für uns selbst gleich viel Raum und Zeit zu geben und zu nehmen, so dass alle Gegensätzlichkeiten immer mehr überwunden werden. Weil unser Dasein also Sinn und Grund besitzt, ist die Existenz unseres Selbst damit aufgezeigt (ein Beweis ist weder möglich noch vernünftig). Wenn unser Dasein sinnlos und grundlos wäre, dann wären wir Maschinen, wie z.B. Metzinger meint (Metzinger, 2014), Maschinen, die sich nur einbilden bzw. subjektiv unterstellen, dass sie ein Selbst haben, die aber ansonsten rein technisch konstruierbar wären. Wenn wir tatsächlich Maschinen wären, dann hätten wir wirklich kein Selbst, wenn aber nicht, dann gibt es einen Sinn und einen Grund unseres Daseins, also ein Selbst.

3.6. Erlebnis- und Sprachebenen aus daseinsanalytischer Sicht

Wenn wir Menschen uns einer Situation (zur Definition und Erläuterung s. Fußnote S. 31, Kapitel 2.2) bewusst sind oder werden, sind wir einerseits bewusst mit der Welt konfrontiert und allem, was uns dort begegnet, andererseits aber auch bewusst mit uns selbst bzw. unserem Selbstprozess, der sich in der Begegnung mit allem von der Welt ständig ändert. Ein wichtiger Teilprozess unseres Selbst ist unsere Leiblichkeit, d.h. alle unsere Regungen, die uns u.a. unsere Lebendigkeit vermitteln. Wenn wir uns allerdings im sogenannten „Als-ob-Modus" des Erlebens[9] befinden, nämlich auf fantasierte Möglichkeiten bezogen, indem wir uns in vorgestellte Situationen, z.B. von anderen versetzen, und wenn wir uns dann selbst in unserer realen momentanen Situation aus der Perspektive eines anderen betrachten, sind wir reflexiv bzw. reflektiert, und sagen von uns auf der entsprechenden Sprachebene, dass wir einen Körper <u>haben</u>. Wenn wir dagegen von unseren Regungen ergriffen werden, <u>sind</u> wir unser Leib und befinden uns im sogenannten „Äquivalenz-Modus" des Erlebens, wobei wir, da von unseren eigenen momentanen Regungen unmittelbar beeinflusst, präreflexiv sind. Der Unterschied zwischen Körper und Leib ist der, dass unser Körper nur die naturwissenschaftlich-medizinisch und in diesem Sinn objektiv erfassbaren Selbstprozesse meint, also unsere

---

[9] Erleben ist die Art und Weise, wie wir in einer Situation Ausschnitte unseres In-der-Welt-Seins affektiv wahrnehmen, empfindungsmäßig beurteilen und uns erwartungsvoll vorfühlend vorstellen. Es ist das Erfahren unseres In-der-Welt-Seins, dessen, was uns in der Welt widerfährt oder begegnet, sodass unsere Regungen sich verändern.

physischen Wachstums- und Zerfallsprozesse bzw. die Gesamtheit unserer ineinander verwobenen physischen Prozesse, die von anderen erfasst werden können, während der Leib alle Selbstprozesse meint, von denen wir durch unsere Regungen und insofern subjektiv etwas direkt bzw. unmittelbar spüren, wovon andere direkt nichts mitbekommen können. Die Dualität von Körper und Leib ähnelt der in der Quantenphysik, wo alles die Charakteristik sowohl eines Teilchens als auch einer Welle hat. Neben dem Als-ob-Modus und dem Äquivalenz-Modus gibt es noch den Realitätsmodus, wenn wir die eigenen Auswirkungen unseres In-der-Welt-Seins erleben, also das, was die Welt uns wiederspiegelt. Diese drei Modi befinden sich in einem absolut dialektischen Verhältnis, wie man leicht zeigen kann, d.h. zwei von ihnen vermitteln den dritten und dieser zwischen beiden.

Über unsere Regungen und damit über unsere Leiblichkeit erschließen sich uns die verschiedenen grundlegenden Phänomene von uns selbst bzw. von unseren Selbstprozessen, dass wir physische, soziale, teleologische und intentionale Akteure sind, und dass uns ständig etwas von der Welt begegnet, uns etwas widerfährt und Regungen bei uns erzeugt bzw. verändert. Insofern _sind_ wir unser Leib bzw. unsere leiblichen Prozesse. Auf der anderen Seite erfahren wir sowohl als Akteure als auch bei bestimmten Widerfahrnissen immer mehr, dass wir bestimmte körperliche Bereiche, Hände, Arme, Beine, Füße usw., haben, die wir einzeln passiv spüren und aktiv einsetzen können bzw. sogar müssen, um bestimmte Aktivitäten durchzuführen. Dabei finden wir immer mehr heraus, dass wir einen Körper _haben_, den wir uns auf diese Weise aneignen, als etwas Eigentümliches von uns begreifen, und dessen Eigenschaften, die teils allgemein, teils spezifisch, teils für uns eigentümlich sind, sich naturwissenschaftlich untersuchen lassen. Dabei haben Leibliches und Körperliches eine Wirkung auf andere(s) und uns selbst. Leiblichkeit, Körperlichkeit und Wirksamkeit sind also fundamental für das Auftreten und die Entwicklung von Bewusstseinsprozessen. Insofern hilft die primäre Bezugsperson eines Kindes, meistens die Mutter, ihm bei der Entwicklung seines Bewusstseins dadurch am besten, dass sie es immer wieder zum Wechsel verschiedener Perspektiven anregt, denn das Wahrnehmen seiner Leiblichkeit geschieht aus einer gänzlich anderen Perspektive, nämlich einer psychisch-motivationalen, als das Wahrnehmen körperlicher Prozesse, was nur aus einer geistigen Perspektive geschehen kann. Begreifen können wir dies alles nur, nachdem wir durch den Austausch mit anderen angeregt oft genug die Perspektive gewechselt haben und auch unsere Wirkung erfahren. Damit wird klar, dass Bewusstseinsentwicklung sowohl das Widerfahrnis eines begegnenden Gegenübers bedarf, als auch der eigenen Aktivität des Perspektivenwechsels, des Begreifens und des Handelns.

Betrachtet man die fünf verschiedenen Gegensätze, die mit den fünf verschiedenen Entwicklungsstufen des Selbstbewusstseins verbunden sind (s. Kapitel 1.2), so ergibt sich, dass jeder Gegensatz erst bis zu einem bestimmten Punkt überwunden sein muss, d.h. die Gegensätze müssen bis zu einem gewissen Grad miteinander vermittelt sein, bevor ein Perspektivwechsel erfolgen und damit die nächste Entwicklungsstufe erreicht werden kann. Als physischer Akteur ist ein Lebewesen (das gilt für Tier wie für Mensch) sowohl <u>aktiv</u> beim Handeln als auch <u>passiv</u> beim Wahrnehmen des Ergebnisses, und nur, wenn Handeln und Wahrnehmen immer mehr sich ergänzen und dadurch lebendig im Begreifen miteinander vermittelt sind, was dadurch erfolgt, dass Emotionen von Faszination als affektive Regung, Freude als Empfindung und Spaß als Gefühl, die sich jeweils leiblich regen, durch häufiges Wiederholen abstumpfen und sich beruhigen, nur dann kann es aus den beiden Perspektiven einen Gesamteindruck konzipieren, aus der geistigen Perspektive des aktiven Handelns und der materiellen Perspektive des passiven Sich-Widerfahren- bzw. Sich-Ergreifen-Lassens. Je mehr Handeln und Begreifen lebendig miteinander vermittelt sind, desto unmittelbarer wird der anfänglich nur konzipierte Gesamteindruck. Durch diesen Eindruck erkennt das betreffende Lebewesen immer mehr, dass es nicht immer eine bestimmte Aktivität ausführen kann. Auf diese Weise kann man immer mehr die entsprechenden Zusammenhänge verarbeiten und allmählich <u>berücksichtigen</u> (hier klingt schon das Soziale an), wodurch derartige

Aktivitäten ermöglicht werden. Hier spielen physiologisch-körperliche Prozesse eine wichtige Rolle, dass, wenn eine Erregung nicht abnimmt, ein Lebewesen nichts verarbeiten und insbesondere nicht zwischen zwei Perspektiven hin- und herwechseln kann und daher nicht lernt, bestimmte Voraussetzungen als solche zu begreifen. Physiologisch-körperlich weiß man von der Neurobiologie, dass eine zu starke Erregung der Amygdallae, wie hier durch aggressive Emotionen, im Hypocampus eine Blockade auslöst, die eine weitere Verarbeitung in kortikalen Strukturen verhindert, d.h. ohne eine Auseinandersetzung und Beruhigung der Emotionen können keine teleologischen Verhaltensketten aufgebaut werden.

Als sozialer Akteur ist ein Lebewesen subjektiv auf sich selbst als Akteur und seine Regungen konzentriert, aber dabei genauso achtsam gegenüber den objektiven Gegebenheiten und Verhaltensweisen von anderen, und nur, wenn Rücksichtnahme anderen gegenüber und Konzentration auf sich selbst, also Objektives aus einer materiellen und Subjektives aus einer psychischen Perspektive heraus immer mehr lebendig miteinander vermittelt sind und so immer mehr zu einem unmittelbaren Gesamteindruck werden, und es gleichzeitig sich mit den leiblichen Regungen des affektiven Aufbrausens, der Wutempfindung und des Zorngefühls auseinandersetzt, ist es in der Lage, teleologische Verhaltensketten aufzubauen, bei denen unter Berücksichtigung des Ergebnisses der einen Handlung die nächste Handlung erfolgen kann. Da es auch hier um die Beruhigung von emotionaler Erregung geht, trifft dieselbe physiologisch-körperliche Erklärung zu wie im vorigen Abschnitt.

Wenn auf der Ebene des teleologischen Selbst bei einem diskontinuierlichen Abbruch einer Handlungskette, weil es zu einem unerwarteten Ergebnis kam oder etwas Unvorhergesehenes passierte, was die nächste Handlung der Kette verhindert, diese Tatsache Bedingung für die kontinuierliche Aneinanderreihung einer anderen nächsten Handlung wird, ist das betreffende Lebewesen in der Lage, aufgrund dieser Flexibilität konsequent Absichten zu verfolgen. Diese Flexibilität entwickelt sich aber nur dann, Diskontinuität aus einer teils materiellen (etwas Unvorhergesehenes passiert), teils geistigen (ein unerwartetes Ergebnis) und Kontinuität aus einer teils geistigen (geplante Absicherung gegen mögliche Eventualitäten), teils psychischen (Vertrauen auf die eigene Planung) Perspektive heraus betrachtet vermitteln nur dann immer mehr einen unmittelbaren Gesamteindruck, wenn die leiblichen Regungen des affektiven Schrecks, der Angstempfindung und des Furchtgefühls beruhigt werden. Da es auch hier um die Beruhigung von emotionaler Erregung geht, trifft dieselbe physiologisch-körperliche Erklärung zu wie in den vorigen Abschnitten.

Kommen wir nun zur Ebene des intentionalen Selbst: Geradlinig seine Absichten zu erreichen oder es oft immer wieder zu versuchen, bis seine Absichten erfüllt sind, also linear oder zirkulär voranzukommen, dies wird nur dann immer mehr miteinander lebendig vermittelt, wenn das betreffende Lebewesen mit den leiblichen Regungen umgehen kann, dass es affektiv schmerzlich berührt ist, dass es Trauer empfindet, oder dass es das Gefühl verzweifelten Leids hat, nicht das zu erreichen, was es sich so sehnlichst wünscht. Tiere und insbesondere Primaten geben an dieser Stelle deutlich früher auf als Menschen, sodass sie nicht die nächste Entwicklungsstufe erreichen können. Menschen haben nur deswegen ein wesentlich größeres Durchhaltevermögen, weil sie ihre Absichten, ihre Verzweiflung und ihr Leid miteinander teilen und sich in die Situation des anderen hineinversetzen können. Nur deswegen entwickeln sie das typisch menschliche Selbstbewusstsein auf der Entwicklungsebene des repräsentationalen Selbst, weil sie sich gegenseitig trösten können, was ihre physisch-körperliche Erregung beruhigt, und dann beginnen, ihre Absichten zu hinterfragen und damit sowohl ihre Affekte, Empfindungen und Gefühle bzw. ihre psychische Perspektive als auch ihre allgemeinen Ansichten, ihre individuellen Beurteilungen und ihre logischen Schlussfolgerungen bzw. ihre geistige Perspektive. Diese beiden Perspektiven werden dadurch immer mehr lebendig vermittelt, sodass Menschen immer verantwortlich-reflektierter handeln. Zuerst hinterfragt ein anderer meine Absichten, nachdem er mich so getröstet hat, dass ich dafür aufnahmefähig bin, und dann beginne ich schließlich auch von allein, mich selbst zu hinterfragen. Indem ich meine Absichten relativiere, werden die Gegensätze einer linearen Verfolgung meiner relativierten Absichten, die mir aus einer geistigen Perspektive ideal erscheint, und einer zirkulären, bei der ich mich aus einer psychisch-motivationalen Perspektive gedrängt fühle, es immer wieder zu probieren, immer mehr lebendig miteinander vermittelt und vermitteln dadurch immer mehr ein unmittelbares Verständnis bzw. einen unmittelbaren Gesamteindruck, und der Weg selbst, ob geradlinig oder nicht, wird zum eigentlichen Ziel, d.h. meine Absicht wird immer mehr zu der Absicht, mich weiterzuentwickeln – das bleibt der geistige Anspruch – unter Wahrung einer möglichst großen Harmonie – und das der psychische. Im Unterschied zu allen Tieren wird bei uns Menschen der Gegensatz zwischen der psychisch-motivationalen Perspektive bzw. dem psychischen Aspekt unseres Daseins und der geistig-idealen Perspektive bzw. dem geistigen Daseinsaspekt explizit und damit bewusstseinsfähig. Wir können diesen Gegensatz verantwortungsbewusst bearbeiten und ihn zu überwinden trachten, womit wir im Zustand der vollkommenen Liebe angekommen wären.

Indem wir Menschen unsere Emotionen und unser Denken hinterfragen und unsere Regungen und Gedanken immer genauer untersuchen und erforschen, konzipieren wir Gegensätze und polarisieren, z.B. mithilfe der Gegensatzpaare aktiv-passiv, objektiv-subjektiv, kontinuierlich-diskontinuierlich und linear-zirkulär, die wir im Prozess unserer Leiblichkeit durch Beruhigung, im Prozess unserer Körperlichkeit durch das Lernen, neue Perspektiven einzunehmen, und insgesamt im Selbstprozess wie oben gezeigt durch immer unmittelbareres Verständnis schon teilweise lebendig miteinander vermittelt hatten. Durch diese Konzepte, mit deren Hilfe wir uns geistig orientieren, entsteht der nächste Gegensatz räumlich-zeitlich, eine Kombination aller vorherigen vier: jemand, der aktiv, subjektiv nur von sich ausgehend, sprunghaft alle möglichen Gelegenheiten wahrnehmend (diskontinuierlich) und geradlinig seine Absichten verfolgt und dabei also eine geistige Perspektive einnimmt, will möglichst schnell erfolgreich sein und nimmt billigend in Kauf, anderen den Raum zu nehmen, d.h. für ihn ist nur die Zeit wichtig und der gemeinsame Raum ziemlich egal, während

eine andere Person, die passiv beobachtend, objektiv die Gegebenheiten berücksichtigend, auf Kontinuität achtend und geduldig mit
Warteschleifen (zirkulär) ihre Absichten anstrebt, dabei eine psychische Perspektive innehat und sich selbst Zeit und anderen Raum
lässt, d.h. für sie ist der gemeinsame Raum sehr wichtig und die Zeit
ziemlich egal. Ferner schwindet bei immer genauerer räumlicher
Orientierung, z.B. an welchen Orten welche Regeln des Zusammen-
lebens gelten, unsere zeitliche Orientierung, wann welche Verhaltensweisen angemessen sind im menschlichen Miteinander, und
umgekehrt schwindet die räumliche Orientierung, wenn wir zu genau zeitlich planen.

Interessant dabei ist, dass im Deutschen der Geist und der
Raum maskulin und die Psyche und die Zeit feminin sind. Hier wird
das zumindest in unserer Kultur bestehende Verhältnis von männlich und weiblich deutlich: für die Seele ist der Raum wichtig und
für den Geist die Zeit, und aus der Spannung zwischen Geist und
Seele, männlich und weiblich, erwächst der Gegensatz räumlich-
zeitlich. Wie in Kapitel 2.2 beschrieben, würden alle Gegensätze genau dann verschwinden, wenn es zwischen dem (relativen) Psychisch-Motivationalen, welches wir sprachlich auf der Ebene des
Bezeichnend-Apophantischen ausdrücken (darüber können sich
auch Schimpansen austauschen), und dem (absoluten) Geistig-Idealen, worüber wir symbolisch-hermeneutisch sprechen (für Tiere
unmöglich), keinerlei Spannung geben würde. Dies wäre genau
dann möglich, wenn mir alle geistigen und psychischen Perspektiven einen unmittelbaren Gesamteindruck vermitteln würden, in
welchem auch alle materiellen Perspektiven enthalten wären, da
diese jeweils durch eine psychische und eine geistige Perspektive
vermittelt sind. Damit wäre dieser Gesamteindruck auch echt, denn
sonst, würde ich mich täuschen, dann gäbe es eine Perspektive,
nämlich diejenige, aus der heraus ich die Täuschung wahrnehmen
könnte, die in meinem Gesamteindruck nicht berücksichtigt worden wäre, ein logischer Widerspruch. Weil mein Gesamteindruck
damit echt und unmittelbar wäre, würde ich das Worumwillen von
allen anderen, die mir begegnen, und von mir selbst echt und unmittelbar verstehen. Das wäre die vollkommene Liebe, wie ich sie

in „Dasein, um zu lieben" (Kolb, 2017a) definiert habe. Genau dann, wenn wir echt und unmittelbar uns in unserem Worumwillen verstehen könnten, wenn also unsere psychische Perspektive des unmittelbaren leiblichen Spürens in vollkommener Einheit wäre mit der geistigen Perspektive täuschungsfreien Erkennens, also genau in der vollkommenen Liebe, würde jeder Gegensatz als solcher verschwinden.

Weil ich menschliches Denken mit Sprechen und Sprache verknüpft habe (Kolb, 2017e, S. 63 ff., 4. Kapitel), möchte ich vertieft auf diese Phänomene und auf das Phänomen zweier verschiedener Sprachebenen (symbolisch-hermeneutisch und bezeichnend-apophantisch) eingehen, welches uns im menschlichen Dasein zum ersten Mal in der frühen Kindheit begegnet, wenn ein Kind von etwa drei Jahren zwischen den beiden Erlebnismodalitäten des Als-ob-Modus und des Äquivalenz-Modus hin- und herwechseln kann (Fonagy, Gergely, Jurist, & Target, 2008). Es hat dann z.B. gelernt, wie es das Wort „Geist" verwenden kann. Wittgenstein meint, wir sprechen von einem Geist, als ob etwas existiert, wofür es aber kein greifbares Äquivalent gibt. „Wo unsere Sprache uns einen Körper vermuten lässt, und kein Körper ist, dort, möchten wir sagen, sei ein Geist." (§ 36) (Wittgenstein, 2001).

Beim Phantomschmerz, um ein anderes Beispiel zu nehmen, nehme ich eine psychisch bestimmte Perspektive ein, bin also im Äquivalenz-Modus und empfinde meinen Zustand als äquivalent zum Zustand vor der Amputation. Ich mache mich unter solchen Bedingungen eventuell von anderen abhängig, etwa von einem Arzt, der mir sagt, ich könne keine Schmerzen haben, obwohl ich welche empfinde. Ich bin dann vielleicht ganz entgeistert und glaube dem Arzt und nicht mir, als ob meine Empfindungen und mein Denken darüber falsch und daher gar nicht meine eigentlichen Empfindungen und mein eigentliches Denken sind, als ob meine Seele und mein Geist gar nicht meine Seele und mein Geist sind, als ob ich erst von außen beseelt und begeistert werden muss und bis jetzt nur ein Zombie bin, mit dem man machen kann, den man beliebig benutzen kann. Mein Körper, den ich jetzt „objektiv" wahrnehme als Objekt und der ich nicht mehr subjektiv als Leib bin, wird sozusagen von außen beseelt und mit Geist versehen, eine Beseelung und Begeisterung von außen, und ich bin nur Körper, nur Staub, ein Nichts, von außen bestimmt und nicht von mir selbst. Mein Selbst ist bei dieser Vorstellung mein Körper, und meine Seele und mein Geist, das gehört nicht zu mir – und das ist schizophren.

„Innen" und „außen" sind hier in dem Sinn verwendet, dass „innen" eigentümlich bedeutet und „außen" etwas Anderes bezeichnet, was nicht zu einem selbst gehört. Staemmler kritisiert die Verwendung dieser Begriffe und den der Internalisierung (Staemmler, 2015, S. 96 - 101). Dem ist hinzuzufügen, dass wir in der Regel das mit „innen" bezeichnen, was wir als zu uns gehörig akzeptieren, und wovon wir uns einbilden, dass es nur uns gehört und oft noch zusätzlich, als ob wir darüber verfügen könnten. Entsprechend bedeutet „außen" meistens etwas, das uns fremd ist, was wir oft auch nicht akzeptieren und wovon wir uns dann einbilden, dass wir nichts damit zu tun hätten. Je mehr unsere Liebesfähigkeit sich allerdings einer utopischen Vollkommenheit nähert und unser Bewusstsein sich immer mehr erweitert, desto mehr verschwimmen die Grenzen zwischen „innen" und „außen", und in der Utopie der vollkommenen Liebe wäre diese Gegensätzlichkeit wie alle anderen vollkommen aufgehoben.

Bei der Vorstellung der Beseelung und Begeisterung von außen bin ich nur dann nicht schizophren, bin immer noch selbst meine Seele und mein Geist, wenn ich mir klar darüber werde, dass ich vom Erleben bei meinen Empfindungen und im Äquivalenz-Modus bin und in den Als-ob-Modus wechseln kann. In diesem Modus habe ich Gefühle, die mit entsprechenden Vorstellungen verknüpft sind, die ich dann habe. Das ist normal und nötig, damit ich entscheiden kann, welche Alternative meines Seinkönnens ich handelnd umsetzen will oder sollte und welche nicht. Im Als-ob-Modus stelle ich mir diese Alternativen ja geistig vor. Mit verschiedenen Vorstellungen sind verschiedene Gefühle verknüpft, sodass ich andere Gefühle bekomme, wenn ich mir andere Vorstellungen aneigne, z.B. vermittelt durch andere Menschen. In diesem Sinne kann eine Begeisterung und Beseelung von außen stattfinden.

Wenn ich die Meinung und das Gefühl eines anderen ausdrücke und dabei glaube, es sei meine Meinung und mein Gefühl, obwohl das nicht stimmt, dann bin ich im Äquivalenz-Modus und zugleich in einem anormalen Bewusstseinszustand, z.B. in Hypnose oder in einem psychotischen Schub. Im Als-ob-Modus dagegen bin ich wie jemand, der die Rolle eines anderen spielt und davon weiß. Ich weiß dann auch, dass mein körperlicher Ausdruck mein eigentliches Sein verdeckt. Wir drücken dies meist so aus, dass der Körper als Objekt für andere ein Hindernis darstelle, Seele und Geist zu erkennen. Im psychotischen Schub ist mein Körper dies auch für mich. Dann rede ich wie im Als-ob-Modus, obwohl ich mich im Äquivalenz-Modus befinde, also meine geistigen Vorstellungen (Als-ob-Modus) für äquivalent mit der Wirklichkeit halte, sodass beide Modi vermischt sind.

Dagegen meint Wittgenstein, dass der „menschliche Körper [...] das beste Bild der menschlichen Seele" (Wittgenstein, 2001, S. 1002, PU 496) sei. In diesem Sinne sind Leib (ich denke, Wittgenstein meint mit „menschliche Körper" das, was ich hier als Leib bezeichne) und Seele äquivalent, und genau dies ist mit dem Äquivalenz-Modus des Erlebens gemeint. Wenn unser Leib das beste Bild der Seele ist, dann vertraue ich darauf, dass ich für andere, die mich leibhaftig wahrnehmen, in meinen Äußerungen verständlich bin. Meine Seele ist in diesem Sinne leiblich geworden, sie ist abbildhaft Fleisch geworden nach außen hin, eine Fleischwerdung nach außen und damit für andere begreifbar, und mein Leib ist das fleischliche Bild meiner Seele. Mein Körper zerfällt irgendwann einmal zu Staub, aber mein Leib hört im Tod nur auf zu existieren bzw. sich herauszustellen (die wörtliche Bedeutung von „existieren"). Als Leib bin ich das fleischliche Abbild meiner Seele und so auch mir selbst verständlich, sobald ich mich selbst in anderen spiegeln kann, mich mit ihren einfühlsamen Augen sehe, ich bin selbst-verständlich mein Leib.

Wenn ich nun mich selbst als meinen Leib wahrnehme, dann sage ich, ich bin ich selbst, ich bin mein Leib. Ein wörtliches selbst-verständliches Mein-Leib-Sein, wenn es nicht wie bei der oben erwähnten Vorstellung der Beseelung und Begeisterung von außen schizophren sein soll, setzt aber voraus, dass ich nicht nur mein Selbst, sondern auch meine Seele und meinen Geist mit meinem Leib identifiziere, doch ist das nicht schizophren? Man kann aufzeigen, dass das Selbst (immer als Prozess!) in unserer Ergriffenheit, unseren Erwartungen und daher in unserer Seele und unserem Geist phänomenal enthalten und aus unseren Täuschungen und damit aus unserem Leib mit seinen körperlichen Eigenheiten (ich möchte das Gesamtphänomen von Leib und Körper als körperlichen Leib bezeichnen) – genauer aus dem körperlich-materiellen Aspekt unseres Daseins – ableitbar ist (Kolb, 2017a). Ableitbar, weil der Leib das Bild unserer Seele ist, und unsere körperlichen Besonderheiten teilweise Ergebnisse geistiger Entwicklungen sind (z.B. weil ich ein bestimmtes Aussehen haben will und dafür hungere, trainiere oder mich operieren lasse), und phänomenal enthalten, weil unser Selbst von der Welt ergriffen ist und Erfüllung erwartet, und wenn ich keine Erfüllung mehr erwarte und daher nicht von der Welt ergriffen bin, sondern enttäuscht, ist dies nur der defizitäre Modus meines erwartungsvollen Ergriffen-Seins. Wenn ich also mein Selbst mit meinem körperlichen Leib identifiziere, dann ist das so, als sagte ich zu meinem Bild in einem Spiegel: „Das bin ja ich!" Wenn das wörtlich so stimmte, dann hätte ich mich verdoppelt, und das wäre tatsächlich schizophren. Da ich aber normalerweise im Alltag zu meinem Spiegelbild sage, dass ich das bin, ohne der Meinung zu sein, dass ich mich verdoppelt habe, kann ich auch sagen, ich bin selbstverständlich mein körperlicher Leib mit seinen körperlichen Eigenheiten, ohne mein Selbst damit gleichzusetzen, also ohne schizophren zu sein. Ich bin also, wenn ich sage, „ich bin mein Leib", vom Erleben her im Äquivalenz-Modus, denn mein Selbst und mein körperlicher Leib sind äquivalent, also einerseits gleichwertig, andererseits aber nicht gleich. Bei der Vorstellung der Fleischwerdung nach außen betrachte ich meinen körperlichen Leib ja als Abbild und setze ihn gerade nicht mit meinem Selbst gleich, das in ihm auch nur abgebildet wird. Seele und Geist sind Fleisch geworden im körperlichen Leib und damit in die Welt gekommen, in die Realität, in die Wirklichkeit, sodass ich deren Auswirkungen in der Welt wahrnehmen kann. Vom Erleben her kann man diesen Modus, in den ich durch diese Vorstellung hineinversetzt bin, auch deswegen als Äquivalenz-Modus bezeichnen, weil Seele und Geist im körperlichen Leib Fleisch geworden, relativ geworden und ihm äquivalent sind und sich als (relative) Repräsentationen des (relationalen) Daseins im Umgang mit der Realität, im praktischen Leben, bewähren können, dürfen, sollen, müssen, wobei ich mich dann im Realitätsmodus befinde und die Auswirkungen meines Daseins in der Welt wahrnehmen kann.

Auf den ersten Blick scheinen sich die beiden Vorstellungen der Beseelung und Begeisterung von und der Fleischwerdung nach außen zu widersprechen, aber wenn wir uns die Entwicklung eines Kindes in der Mutter-Kind-Beziehung der ersten Lebensjahre betrachten, dann findet beides parallel zueinander statt. Einerseits begeistert die Mutter ihr Kind von außen, wobei dieses sich vom Erleben her im Als-ob-Modus befindet und sich beim Kontakt mit seiner Mutter durch entsprechendes Denken verschiedene Vorstellungen im Laufe des Kommunikationsprozesses aneignet, und sie beseelt es von außen, indem sie es z.B. einfühlsam berührt, wobei das Kind im Äquivalenz-Modus des Erlebens ist, denn es erlebt die Liebe der Mutter am Leib, der äquivalent zu seiner Seele ist. Andererseits setzt sich das Kind vom Erleben her in beiden Modi immer mehr mit der Welt auseinander und seine Seele entfaltet sich im Äquivalenz-Modus und sein Geist im Als-ob-Modus, und beides wird im „Fleisch" seines körperlichen Leibes und dessen Ausdruck immer sichtbarer und damit äquivalenter zum körperlichen Leib, bis es am Ende dieses Entwicklungsabschnitts mit etwa vier Jahren vom Erleben her damit beginnt, die beiden Modi sowie Geist und Seele immer mehr miteinander zu verknüpfen. Vorbild ist dabei, wie die Mutter ihre Begeisterung und Beseelung ihres Kindes miteinander verbindet. Außerdem kommt jetzt der Vaterbeziehung die besondere Bedeutung zu, dass er dem Kind das Erleben im Realitätsmodus auf eine verglichen mit der Mutter alternativen Weise nahebringt. Dies ist ab diesem Zeitpunkt deswegen sehr sinnvoll, weil das Kind die anderen beiden Modi immer mehr verbindet, die ja zusammen den Realitätsmodus vermitteln.

Die Liebe zwischen Mutter und Kind entwickelt sich ähnlich wie später in anderen Beziehungen des Kindes bzw. des späteren Erwachsenen: Zuerst erkennen die beiden einander als ihr Kind, das sie geboren hat, und als seine Mutter, die es an der Stimme, die es im Mutterleib gehört hat, oder am Geschmack der Muttermilch wiedererkennt, die wie das Fruchtwasser schmeckt, und beide lernen sich und ihre jeweiligen Eigentümlichkeiten immer mehr kennen – später sind es vielleicht Pheromone, ein bestimmtes Aussehen oder bestimmte Verhaltensweisen, also auch bestimmte Eigentümlichkeiten, die bestimmte Arten der Beziehung zu anderen stiften. Was hier im Modus des Genus stattfindet, hat deutliche Bezüge zum Leiblichen, aber auch zum Seelisch-Motivationalen, denn das Erleben des Leiblichen spielt sich im Äquivalenzmodus ab und beeinflusst so die Befindlichkeit und das Empfinden, was dann im Modus des Individuums zu bestimmten geistigen Vorstellungen führt, die im Als-ob-Modus erfahren werden. Diese beeinflussen die Aktivitäten im Modus der Spezies, deren Konsequenzen sowohl die Äquivalenz als auch das Als-ob real werden lassen, sodass das Erleben in einem Realitätsmodus stattfindet, der die Äquivalenz und das Als-ob entweder bestätigt oder als Täuschung entlarvt. Diese u.U. neuen Erkenntnisse gestalten die Beziehung dann immer weiter, sodass sich die Liebe und die Liebesfähigkeit immer weiter entwickeln können. Wie man leicht sehen kann, stehen die drei Modi des Erlebens, der Äquivalenzmodus, der Als-ob-Modus und der Realitätsmodus in einem absolut dialektischen Verhältnis wie die drei Modi des Daseins, der Modus des Genus, des Individuums und der Spezies bzw. die drei Daseinsaspekte des Psychisch-Motivationalen (Äquivalenz), des Geistig-Idealen (Als-ob) und des Körperlich-Materiellen (Realität). Im Modus des Individuums ist das Kind als Objekt des Psychisch-Motivationalen im Äquivalenzmodus und als geistiges Subjekt im Als-ob-Modus, und je besser es beide Daseinsaspekte und Erlebnismodalitäten verbinden kann, desto weiter ist seine Individualität, sein ganzheitliches Selbstverständnis und sein Persönlichkeit (Definition siehe Fußnote 3 auf Seite 30 f.) entwickelt.

Die Entwicklung der Liebe in einer Partnerschaft verläuft dann so: Zu Anfang ist man verliebt, glaubt in der oder dem anderen sein oder ihr ideales Gegenstück zu erkennen. Mit der Zeit werden aber die Als-ob-Vorstellungen nicht erfüllt, und die der Verliebtheit äquivalente Ergriffenheit wird enttäuscht, sodass es zur Krise der Beziehung kommt. Die immer größere Entfaltung dieser Ergriffenheit und der Idealvorstellung vom anderen droht immer chaotischer zu werden, sodass mehr Harmonie in Form von Verbindlichkeiten (Hingabe zukünftiger Möglichkeiten) und Toleranz (immer weniger persönlich übelnehmen) als Handlungen der Liebe (s. 2.2, S. 30) erforderlich wird, die Beziehung wieder harmonischer wird, indem man nicht nur Idealforderungen an den anderen stellt, sondern auch sich selbst und seine oder ihre Liebesfähigkeit weiterentwickelt. Wenn dies gelingt, wobei es manchmal wichtig ist, sich gegenseitig zu unterstützen, aber manchmal auch, sich gegenseitig in Ruhe zu lassen, dann entwickelt sich die Liebe zwischen beiden immer mehr, bis sie ein Niveau erreicht, dass alle Meinungsverschiedenheiten und Auseinandersetzungen ihr nichts mehr anhaben können.

Am Anfang seiner Entwicklung „hat" ein Kind in den gefühlsmäßigen geistigen Vorstellungen der Möglichkeiten seines Seinkönnens einen Körper, den es benutzen kann, aber im Laufe seiner Entwicklung, wenn diese Vorstellungen differenzierter werden, identifiziert es sich mit verschiedenen Körperteilen und „ist" immer mehr sein Leib. Vom Seelisch-Motivationalen her „ist" es anfänglich nur ein Leib, empfindet sich als Teil seiner Mutter, bis es allmählich begreift, dass es verschiedene körperliche Bereiche und damit einen Körper verschieden von dem seiner Mutter „hat". Entsprechend ist das Psychisch-Motivationale zuerst nur auf die Vergangenheit bezogen, die ein Kind z.B. gerne wieder-holen möchte, wenn sie erfüllend war, und erst nach und nach wird es von idealen zukünftigen Möglichkeiten befindlich angezogen; und vom Geistig-Idealen her ist es zu Beginn seiner Entwicklung auf eine vorgestellte Zukunft ausgerichtet, die es z.B. bei anderen mitbekommen hat, und bezieht erst allmählich vergangene eigene Möglichkeiten in seine Vorstellungen mit ein. So verbinden sich Seele und Geist, behalten aber immer eine gewisse Eigenständigkeit bei, die erst in der vollkommenen Liebe aufgehoben wäre.

Die Beseelung und Begeisterung von außen (anfänglich i.d.R. von der Mutter) ist der „Hebel der Außenwelt", wie E.T.A. Hoffmann schreibt, der die „Sehnsucht der Liebe" weckt, wie es in Schopenhauers Metaphysik der Geschlechterliebe heißt, der Hebel, der jene Kraft in Bewegung setzt, die zu einer Fleischwerdung nach außen führt. Diese Fleischwerdung mutet uns teilweise an wie ein Carneval (Carne = Fleisch, valere = wert, gültig sein), wenn das „Fleisch" auf manchmal groteske Weise auf Wert und Gültigkeit besteht und sein Recht verlangt. Die Welt erscheint dann geistig – im Als-ob-Modus – auf den Kopf gestellt, und das Dasein bekommt bei dieser Vermischung von Als-ob- und Äquivalenz-Modus wahnhafte Züge wie in Shakespeares Sommernachtstraum. Hier kann das Lachen, der Humor eine gesunde Distanz schaffen und das Wahnhafte auflösen.

In der Pubertät lernt der Jugendliche, seine Seele bzw. seine Empfindungen und seine Gedanken bzw. seinen Geist hinter seinem sich geschlechtlich entwickelnden körperlichen Leib immer mehr zu verbergen, bis er sich dann als Erwachsener in der intimen leiblichen Partnerbeziehung wieder mehr mit seinen Empfindungen und Gedanken körperlich und leiblich zeigt. So kann das immer hin und her gehen, dass der Körper einmal Seele und Geist verbirgt und dann der Leib beides wieder offenbart. Wir können hier einen Rhythmus der Entwicklung des menschlichen Daseins erkennen, das sich nicht geradlinig auf das utopische Ziel der vollkommenen Liebe hin entwickelt, sondern teils linear, teils zirkulär.

Seele und Geist sind aber nie vollkommen vereint, das wäre nur in der vollkommenen Liebe der Fall. Von daher sind auch Als-ob-Modus und Äquivalenz-Modus zwar verbunden aber trotzdem verschieden. Dasselbe gilt für die beiden Sprachebenen, mit denen wir einerseits im Als-ob-Modus vom Transzendenten bzw. Absoluten reden und sagen, dass wir als absolutes und unverfügbares Selbst <u>einen Körper haben</u>, und andererseits im Äquivalenzmodus die Rede vom Relativen bzw. vom Diesseitigen führen, wobei wir dann sagen müssen, dass wir im relativen Dasein unser Leib sind. Wenn wir das verwechseln und z.B. Körper-Haben und Leib-Sein miteinander vermischen, dann verwechseln wir Absolutes mit Relativem, und das ist wahnhaft. Weil Aberglaube dieselbe Art von Verwechslung ist, finden wir dort ebenfalls wahnhafte Züge (Kolb, 2017d). Im handelnden Kontakt mit unserer Umwelt können wir dies auflösen und im Realitätsmodus erleben, was wir an unserem Körper mit seinen Möglichkeiten tatsächlich haben und auf welche Weise wir wirklich unser Leib mit seinen Regungen sind.

Um noch einmal auf den Phantomschmerz zurückzukommen, so besteht hier vor allem ein psychisches Problem. Wenn wir vom Seelischen her, welches erst später den Als-ob-Modus und die zukünftigen Möglichkeiten entdeckt, noch nicht verstehen, dass wir nur noch Möglichkeiten haben, in einem Bein etwas zu spüren, dann empfinden wir ab und zu Phantomschmerzen, da wir psychisch auf die schmerzhafte Vergangenheit ausgerichtet sind, als das Bein wegen Schmerzen und Krankheit amputiert werden musste (bekanntermaßen treten Phantomschmerzen umso häufiger und umso schlimmer auf, je größer die Schmerzen vor der Amputation waren). Daher fordert unsere Psyche bei Phantomschmerzen unseren Geist auf, für unser Bein zu sorgen. Nach einer Amputation muss unsere Seele begreifen, dass wir nicht mehr ein Leib mit einem schmerzenden Bein sind. Unser Geist begreift noch nicht den Äquivalenz-Modus und vergangene Bedingungen, als wir ein Leib mit einem schmerzenden Bein waren. Würden wir jetzt auf unsere Psyche hören, weil wir uns vom Geist her auf den Als-ob-Modus und die Möglichkeit verstehen, als ob wir noch zwei Beine hätten, und würden wir daher aufstehen und versuchen, mit zwei Beinen zu laufen, dann würden wir hinfallen und durch diese Täuschung und Enttäuschung vom Geist her ziemlich schnell verstehen, dass wir über die Möglichkeit dieses Seinkönnens nicht mehr verfügen und nur noch ein Bein haben.

Ganz allgemein verstehen wir etwas am besten durch positive Fakten, die wir wahrnehmen, greifen und begreifen können. Eine Täuschung ist wahrnehmbar und daher so ein positives Faktum. Aber kein Leib mehr mit einem schmerzenden Bein zu sein trotz früherer äußerst schmerzhafter Erfahrungen und Empfindungen mit einem derartigen Leib, ist ein negatives Faktum, sodass es von unserer Psyche her wesentlich schwieriger ist, dieses Faktum eines Nicht-Schmerzes zu begreifen. Insofern ist der Phantomschmerz vor allem ein psychisches Problem.

Je mehr wir vom Geist her den Äquivalenzmodus und daher das Psychisch-Motivationale verstehen und damit im Als-ob-Modus eine Inszenierung kreieren können, in der wir uns leiblich mit unversehrten Beinen empfinden, was z.B. mit der Spiegelmethode gelingen kann (das vorhandene Bein spiegelt sich, sieht im Spiegel aus, als ob es das amputierte wäre, und wird mit diesem leiblich identifiziert (Äquivalenz), sodass eine Berührung des vorhandenen Beins an der Stelle des Phantomschmerzes des anderen Beins den Eindruck am nur als Spiegelbild vorhandenen Bein vermittelt, dass dort real nichts mehr weh tut), desto mehr begreifen wir uns dann vom seelischen Aspekt her als Leib, der vom Phantomschmerz befreit ist, und Geist und Psyche begreifen und verstehen dasselbe.

Letztlich kann man alle psychischen Probleme darauf zurückführen, dass es eine vergangene Erfahrung gibt, die wie ein Phantom immer wieder in der Gegenwart auftaucht und unsere Emotionen derart beeinflusst, dass wir früher oder später mit unlösbaren Problemen konfrontiert sind, wenn wir diese Beeinflussung nicht beenden können. Ein psychisches Problem haben wir immer dann, wenn wir vom psychisch-motivationalen Aspekt her etwas vermeiden oder erreichen wollen, wir aber aufgrund vergangener Erfahrungen affektiv unangenehm berührt, empfindungsmäßig negativ eingestellt und gefühlsmäßig gestimmt befürchten, dass wir nicht oder nicht ohne Nachteile tun oder erreichen können, was wir wollen. Beim Phantomschmerz ist es die vergangene Erfahrung, den Schmerz nicht in den Griff zu bekommen. Erst wenn diese Erfahrung durch immer mehr andere Erfahrungen immer bedeutungsloser geworden ist, ist das psychische Problem gelöst. Beim Phantomschmerz kann dies mit der oben beschriebenen Spiegelmethode gelingen, indem dabei immer wieder der Eindruck vermittelt wird, dass das amputierte Bein nicht mehr weh tut, sondern ein anderer taktiler Reiz real erfahren wird. Bei anderen psychischen Problemen kann es helfen, bestimmte Schlüsselszenen, die die entsprechende Erfahrung vermittelt haben, in einer Art Psychodrama oder Trance-Phantasie neu zu inszenieren, oder man kann gleich Teile des Selbstprozesses, in denen das Problem auftaucht, durchspielen und so verarbeiten, denn beim Durcharbeiten von psychischen Problemen geht es immer um diesen Selbstprozess, der durch die Spiegelung anderer beeinflusst wird, den wir aber auch durch unser eigenes Reflektieren (Als-ob-Modus), Identifizieren (Äquivalenz-Modus) und Erleben (Realitätsmodus) verändern können.

Für derartige Veränderungen muss das Identifizieren im Äquivalenz-Modus stattfinden, da es sich um psychische Probleme handelt, und das Erleben im Realitätsmodus. Unter dem psychisch-motivationalen Aspekt betrachtet sind wir ja unser Leib, sodass alle Veränderungen leiblich und körperlich erlebt werden müssen. Bei der Spiegelmethode zur Auflösung des Phantomschmerzes erfährt die betreffende Person ja auch leiblich und körperlich durch die Berührung derselben Stelle, wo er oder sie den Schmerz am amputierten Bein zu spüren meint, am vorhandenen Bein, dass an dessen Spiegelung, welche sie mit dem amputierten Bein identifiziert, nichts mehr weh tut.

Insgesamt sind also drei Dinge wichtig und entscheidend zur Lösung psychischer Probleme: (1) das eigene geistige Reflektieren des psychischen Problems im Als-ob-Modus, um ein Vehikel für das Erleben zu schaffen, und (2) das leibliche Identifizieren im Äquivalenz-Modus und (3) das leibliche Erleben im Realitätsmodus. Schlüsselszenen zu bearbeiten, in denen üblicherweise wichtige Bezugspersonen eine Rolle spielen, bedeutet normalerweise, den Wunsch und seine Vermeidung zu bearbeiten, von ihnen anders behandelt zu werden, z.B. mehr gesehen zu werden oder anders gesehen zu werden. Wie beim Phantomschmerz kann es helfen, das psychische Problem zu lösen, wenn man seinen Selbstprozess spiegelt (beim In-Szene-Setzen) und nach einer leiblich spürbaren Identifizierung mit der kritischen Stelle den Finger auf diese legt, sodass man greifen und begreifen kann, dass es kein Problem mehr gibt.

Der Selbstprozess ist ja (1) dialogisch (Modus des <u>Genus</u>) im gewissermaßen <u>rhythmischen</u> Wechselspiel verschiedener Positionen (und diesen Dialog kann man immer wieder neu durchspielen), (2) abstrahierend (Modus des <u>Individuums</u>) im <u>zeitlich</u> wachsenden Selbstverständnis (durch das erneute Durchspielen) und (3) handelnd (Modus der <u>Spezies</u>) im <u>räumlich</u> sich einlassenden Umgang mit der Welt (weil man sich nach dem veränderten Durchspielen neu einlassen kann).

In der psychotherapeutischen Situation überträgt ein Patient oft unbewusst eine bestimmte Rolle auf den Therapeuten und kreiert so im Als-ob-Modus ein Vehikel für sein Erleben. Indem er sich dann im Äquivalenzmodus mit der entsprechenden Komplementärrolle identifiziert, hat er die Möglichkeit, sein psychisches Problem im Realitätsmodus zu bearbeiten, wenn der Therapeut ihm ein alternatives Erleben ermöglicht durch ein anderes Wiederspiegeln. Um das Ganze zu festigen, können sich beide diesen Prozess anschließend bewusstmachen.

Das Beispiel des Phantomschmerzes, welches sich auf alle psychischen Probleme übertragen lässt, zeigt die Grenzen des Psychischen und des Leiblichen auf, wenn wir jedoch unseren Leib in körperliche Einzelheiten aufbrechen und ihn als Körper betrachten, den wir haben, dann zeigen sich dabei die Grenzen des Geistigen, das den Blick auf das Ganze trübt. Wie bei einem zerbrochenen Spiegel sehen wir nur noch ein Zerrbild, der Körper als aufgebrochener Leib stellt ein Hindernis dar, Seele und Geist zu erkennen, insbesondere unsere Befindlichkeit. Es gibt z.B. medizinische Befunde, bei denen jeder Arzt meint, der Betreffende müsste starke Schmerzen haben, was aber gar nicht der Fall ist, und es gibt Menschen, die z.B. Rückenschmerzen haben, und kein Arzt kann etwas feststellen. Auf diese Weise kann das Seelische-Geistige für andere verdeckt sein. Wenn wir unseren Leib z.B. dadurch aufbrechen, dass wir ihn selbst missbrauchen (chronische Überanstrengung oder Substanzmissbrauch) riskieren wir neben medizinischen Schäden (ein aufgebrochener Leib) auch sogenannte psychische und Geisteskrankheiten. Dann ist das Seelisch-Geistige für uns selbst verdeckt.

Allgemein lässt sich sagen, dass sich mit der Entwicklung des Bewusstseins immer wieder eine Spannung aufbaut zwischen Psychisch-Motivationalem und Geistig-Idealem, nämlich zwischen Ergriffenheit und Erwartung, die man im Materiellen als Täuschung erkennen kann. Einerseits haben wir vom Geistigen her einen Körper, den wir für unsere Ideale einsetzen und gebrauchen wollen und dabei oft ausnutzen, andererseits sind wir vom Seelischen her ein Leib mit Bedürfnissen und manchmal phantomhaften Bedürfnissen, die erfüllt werden wollen. „Erst kommt das Fressen, dann kommt die Moral [bzw. Ideale]", so drückt Bertolt Brecht dieses Problem in der Dreigroschenoper aus, wobei er beides karikiert, als ob wir einerseits noch wilde Tiere wären und andererseits naive Moralisten oder raffinierte Heuchler.

4. Daseinsanalytische Erklärung psychischer Störungen

Zum einen geht es an dieser Stelle um den Begriff psychischer Störungen (der Begriff des psychischen Problems wurde ja schon am Ende von Kapitel 3.6 erwähnt), zum anderen um ihre ontologische Bedeutung, beides jeweils aus der Perspektive meiner Daseinsanalyse.

4.1. Der Begriff der psychischen Störung

Psychische Störung soll jedes länger dauernde Problem der Beziehung des Daseins zu seinem In-der-Welt-Sein genannt werden, die direkt mit dem psychisch-motivationalen Aspekt des Daseins zu tun hat oder davon beeinflusst wird. Direkt zu tun damit hat eine solche Störung des Daseins, wenn es ihm als psychisches Subjekt darum geht, etwas zu begreifen, was es wahrgenommen hat, oder wenn es als Objekt der Psyche seine Empfindungen tragen und ertragen muss. Derartige Störungen entstehen aus psychischen Problemen, wie sie am Ende von Kapitel 3.6 erklärt wurden. Vom Psychischen beeinflusst ist eine derartige Störung, wenn es als geistiges Subjekt vor die Aufgabe gestellt ist, sich Möglichkeiten zu überlegen und zu planen, wie es seine Empfindungen besser tragen und ertragen kann, und wenn es als Objekt des Geistes sich mit dem Auftrag der Durchführung seiner Pläne konfrontiert sieht und diese möglichst geschickt und kunstfertig als materielles Subjekt umsetzen will. Nicht betroffen von der Psyche ist das Dasein lediglich als Objekt der Materie, wenn es aufgrund körperlicher Gegebenheiten in seiner Wahrnehmungsfähigkeit eingeschränkt ist, und als materielles Subjekt, wenn es entsprechend körperlich in Bezug auf bestimmte Fähigkeiten und Fertigkeiten behindert ist, und wenn sowohl diese Wahrnehmungs- als auch diese Handlungsfähigkeiten und Fertigkeiten durch Lernen und/oder Bewusstmachen prinzipiell nicht zu verbessern sind.

Je besser das Dasein allerdings derartige Einschränkungen seiner Fähigkeiten begreifen und seine entsprechenden Empfindungen immer besser tragen und ertragen kann, desto weniger stören sie die Beziehung des Daseins zu seinem In-der-Welt-Sein und stellen im Idealfall gar keine Störung mehr dar. Dass psychische Störungen als Störungen der Beziehung des Daseins zu seinem In-der-Welt-Sein immer auch die Entwicklung der Liebesfähigkeit des Daseins stören, ist deswegen klar, weil diese Entwicklungsaufgabe die Erfüllungsgestalt der gesamten Lebensform des Daseins ist und damit der gesamten Beziehungsform des Daseins zu seinem In-der-Welt-Sein (s. 2.2). Aufgrund der vorangegangenen Überlegungen gilt auch umgekehrt, dass alle länger dauernden Störungen der Entwicklung der Liebesfähigkeit des Daseins immer psychische Störungen beinhalten. Das Psychisch-Motivationale ist ja auch die Dynamik der vollkommenen Liebe (ebenda), und mit der Entwicklung ist immer auch die Dynamik gestört.

Selbstverständlich ist nicht jede psychische Beeinträchtigung behandlungsbedürftig, sondern nur dann, wenn das Dasein damit in seinem Umfeld dauerhaft nicht mehr zurechtkommt. Mit der Zeit entsteht dabei ein entsprechend großer Leidensdruck, der aus ontologischer Sicht sich daraus entwickelt, dass das Dasein, welches prinzipiell unter dem Getrennt-Sein von der vollkommenen Liebe als seiner Erfüllungsgestalt leidet, keinerlei Entlastung mehr erlebt, weil es keinen Fortschritt bei der Entwicklung seiner Liebesfähigkeit mehr gibt. Jeder derartige Fortschritt macht das Leben, also die Beziehung des Daseins zu seinem In-der-Welt-Sein, etwas leichter, denn seine Herkunft wird immer bedeutungsloser, es gibt immer mehr seine zukünftigen Möglichkeiten hin und nimmt die Situation, in der es angekommen ist, immer mehr dankbar an. Kommt es dagegen zu einem Stillstand dieser Entwicklung, häufen sich die bedeutungsvollen Geschehnisse, von denen das Dasein herkommt, immer mehr an, werden immer weniger verarbeitet und belasten so die Beziehung des Daseins zu seinem In-der-Welt-Sein – sein Leben – immer mehr.

Kommen wir nun zu verschiedenen Möglichkeiten, psychische Störungen zu erfassen und einzuteilen: dies kann beispielsweise dadurch geschehen, dass man sie auf dem Kreis des weisen und verantwortungsvollen Handelns (s. 2.3) lokalisiert, wo sie den Prozess stören, der uns dem Ziel der vollkommenen Liebe immer näherbringt. Es ist der Prozess, bei dem wir im Modus des Genus das Wahrgenommene immer besser affektiv begreifen und wozu wir andere brauchen, am Anfang unseres Lebens sogar sehr intensiv, bei dem wir weiter im Modus des Individuums das Begriffene befindlich verstehen, um dann das befindlich Verstandene im Modus der Spezies fühlend und erwartungsvoll verstehend in Handlung umsetzen und das Handlungsergebnis wahrnehmen. Dieses Wahrgenommene wird bei diesem endlosen Prozess dann wieder affektiv begriffen usw. Nachdem wir auf diese Weise alle möglichen psychischen Störungen erfasst haben, können wir sie entsprechend einteilen:

Wenn jemand im Modus des Genus das Wahrgenommene immer schlechter affektiv begreift, dann kann er oder sie entweder in eine Wahnvorstellung und damit in einen psychotischen Schub abrutschen und dem Umfeld die Schuld an allem geben, oder wenn er oder sie die eigene Unzulänglichkeit erkennt und merkt, dass sein oder ihr affektives Begreifen unangemessen ist, dann kann er oder sie entweder auf dem Kreis des verantwortungsvollen Handelns nach vorne ausweichen und als geistiges Subjekt einen Grübelzwang entwickeln oder auf diesem Kreis zurückweichen und als materielles Subjekt bestimmte Handlungen immer öfter wiederholen, so dass sich daraus ein Kontrollzwang ergibt.

Wenn jemand im Modus des Individuums das Begriffene kaum noch befindlich versteht und somit keine Möglichkeiten des Seinkönnens findet, dann kann er oder sie entweder in eine Sucht abrutschen, seine oder ihre Befindlichkeit mit einem Suchtmittel betäuben und dem Umfeld die Schuld an allem geben, oder wenn er oder sie die eigene Unzulänglichkeit erkennt und merkt, dass sein oder ihr befindliches Verstehen nicht richtig funktioniert, dann kann er oder sie auf dem Kreis des verantwortungsvollen Handelns nach vorne ausweichen und als materielles Subjekt einen Aktionismus mit apathischen Zwischenphasen entwickeln oder auf diesem Kreis zurückgehen und als psychisches Subjekt bei seinem affektiven Begreifen an fixen Ideen haften bleiben. (Man hat festgestellt, dass Alkoholiker, wenn sie abstinent werden, im MMPI durchschnittlich mehr Anzeichen für Psychosen zeigen als vor ihrer Abstinenz.)

Wenn jemand im Modus der Spezies das befindlich Verstandene nicht richtig in Handlung umsetzen kann oder sich das nicht traut, dann kann er oder sie entweder in eine Depression abrutschen und dem Umfeld die Schuld an seinem Scheitern geben, oder, wenn er oder sie die eigene Unzulänglichkeit anerkennt, dann kann er oder sie auf dem Kreis des verantwortungsvollen Handelns nach vorne ausweichen und als psychisches Subjekt mehr oder weniger schwache Ausflüchte und Entschuldigungen erfinden oder zurückweichen auf diesem Kreis und als geistiges Subjekt undurchführbare Pläne entwickeln, wobei andere dieses neurotische Verhalten jeweils oft als Dummheit oder Faulheit interpretieren.

Eine besondere Form der psychischen Störungen ergibt sich, wenn jemand die Ergebnisse seines oder ihres Handelns immer derart interpretiert, dass niemals er oder sie dafür zur Verantwortung gezogen werden kann. Diese Störung erscheint manchmal wie ein psychotischer Schub, wie eine Sucht oder eine starke ängstlich-depressive Neurose, sie ist aber weder das eine noch das andere, sondern eine Borderline-Störung.

Bei dieser Einteilung psychischer Störungen werden folgende phänomenale Grundzüge sichtbar:

1. Man kann psychische Störungen danach unterscheiden, *in welchem Modus* sie ihren Ursprung haben, wobei in der Regel diejenigen im Modus des *Genus* die schwierigsten und schwerwiegendsten sind, danach kommen die im Modus des *Individuums* und schließlich die im Modus der *Spezies*.

2. Man kann Störungen danach unterscheiden, ob das Dasein dabei seine Unzulänglichkeit erkennt und als *Subjekt* damit umgeht, oder ob es als *Objekt* verharrt und sein oder ihr

Umfeld für unzulänglich hält. Letzteres wirft in der Behandlung meist größere Probleme auf.

3. Wenn das Dasein als Subjekt aktiv wird, dann gibt es die Unterscheidung, ob es auf dem Kreis des weisen und verantwortungsvoll menschlichen Handelns von seiner Schwierigkeit weg nach vorne ausweicht oder nach hinten zurückweicht. Die jeweilige aktive *Verarbeitungsstrategie*, wie man dieses Vorangehen oder Zurückweichen auch nennen kann, kann noch viel komplexer sein, als in den obigen Beispielen aufgeführt, denn das Dasein kann immer noch weiter vorangehen oder zurückweichen, und wenn es gar nicht stehen bleibt, dann liegt wahrscheinlich eine Borderline-Störung vor – beim ständigen Vorangehen die „übliche", beim Zurückweichen die narzisstische Borderline-Störung (die fixe Idee dabei ist die narzisstische Selbstüberschätzung).

Diese Aufstellungen und Einteilungen erheben keinen Anspruch auf Vollständigkeit und können sicherlich noch wesentlich verfeinert werden, ich will damit letztlich nur beispielhaft demonstrieren, wie dieses Schema des verantwortungsvollen menschlichen Handelns, anhand dessen auch die verschiedenen Verdrängungsmechanismen beschrieben werden konnten (s. 2.3), zur Erfassung und Klassifizierung von psychischen Störungen verwendet werden kann.

4.2. Sinn und Bedeutung psychischer Störungen

Um Sinn und Bedeutung von etwas herauszubekommen, um es also zu verstehen, braucht man einen Rahmen bzw. ein Sinngefüge, eine Struktur (lat. structura kann mit Sinngefüge übersetzt werden), oder am besten mehrere Strukturen, anhand derer man in diesem Fall psychische Störungen analysieren und interpretieren kann. In unserem Fall bieten sich dafür die drei Daseinsstrukturen der Zeitlichkeit, der Räumlichkeit und der Lebenswirklichkeit an oder die Struktur der Prozesshaftigkeit mit ihren vier Ekstasen der

Herkunft, der Zukunft, der Ankunft und der Auskunft. Die ersten drei Ekstasen konstituieren zusammen die Zeitlichkeit, die vierte die Räumlichkeit, und aufgrund der absoluten dialektischen Vermittlung der drei Daseinsstrukturen Zeitlichkeit, Räumlichkeit und Lebenswirklichkeit vermitteln die vier Ekstasen der Prozesshaftigkeit die Lebenswirklichkeit. Genauso wie der Sinn des Seins ist auch der Sinn psychischer Störungen im Rahmen dieser vier Ekstasen verständlich.

Wenn die ursprüngliche Störung im Modus des Genus liegt und jemand auf der konkret-ontischen Ebene etwas Wahrgenommenes (aus der Vergangenheit) unangemessen affektiv versteht oder verstanden hat, so dass sich daraus Täuschungen ergeben, dann hadert er oder sie als Dasein auf der ontologischen Ebene – ontologisch heißt, wesenhaft zu Grunde liegend und Sinn gebend – mit seinem Schicksal, seiner Geworfenheit, empfindet Wut als eigentliche Befindlichkeit wegen der Auskunft, die ihm oder ihr über seine bzw. ihre Herkunft gegeben wird. Diese existenziale[10] Wut verhindert die weitere Entwicklung, die Wut gibt der Herkunft ein derartiges Gewicht, dass die konkrete vergangene Existenz nicht losgelassen werden und in der Bedeutungslosigkeit versinken kann, die Kommunikation mit anderen, die nicht so sehr an der Vergangenheit hängen, wird immer mehr gestört und es kann sich so keine kommunikative Solidarität entwickeln, im Gegenteil, das Dasein wird anderen gegenüber immer misstrauischer oder sogar feindselig und empfindet seine bzw. ihre Situation als eine der Überforderung. Anstelle der eigentlichen Wut weicht das Dasein aber zunächst und zumeist auf uneigentliche Seinsweisen aus, d.h. es verändert den Modus seiner Emotionen von Empfindung auf Gefühl

---

[10] „Existenziell" bezieht sich auf alle existierenden Dinge, „existenzial" nur auf Menschen gemäß Heidegger, der Kategorien durch Existenziale ersetzte, wenn Menschen gemeint waren. Mit „existenzial" möchte ich alles bezeichnen, was mit Heideggers Existenzialen zu tun hat. Da die Repräsentationen, die wir von uns selbst kreieren, unser menschliches Dasein ändern können, sind Kategorien unangemessen. Eine Interpretation von mir zu akzeptieren, kann der erste Schritt sein, dass ich mich ändere.

(in der Terminologie von Heidegger von eigentlich nach uneigentlich – ich werde beide Terminologien benutzen), bekommt Zorn
auf, trauert um etwas Konkretes oder fürchtet etwas Bedrohliches.

Wenn die ursprüngliche Störung im Modus des Individuums liegt und jemand auf der konkret-ontischen Ebene etwas Begriffenes unangemessen oder gar nicht befindlich versteht, jeden-
falls keine akzeptable Möglichkeit des Seinkönnens findet oder nur
solche, die erfahrungsgemäß zu Täuschungen führen, dann empfindet er oder sie auf der ontologischen Ebene Angst als eigentliche
Befindlichkeit wegen der Auskunft, die ihr oder ihm über seine Zukunft gegeben wird, nämlich dass er oder sie dafür verantwortlich
ist und auf sie oder ihn unweigerlich das Ende des Lebens zukommt,
und er oder sie einem ungewissen Ende gegenübersteht. Durch
diese existenziale Angst bekommt die Zukunft der Beziehung ihres
oder seines Daseins zu seinem bzw. ihrem In-der-Welt-Sein, also
alle Möglichkeiten des Seinkönnens, eine derartige Anziehungskraft, dass die konkreten Möglichkeiten ihres oder seines Seinkönnens nicht mehr hingegeben werden können, Entscheidungen werden immer schwieriger, ein ganzheitliches Selbstverständnis kann
sich immer weniger entwickeln, im Gegenteil, es entwickelt sich ein
unangemessener Stolz oder ein unangemessenes Minderwertig-
keitsgefühl, was zu immer weiteren Selbst-Täuschungen führt, so
dass das Dasein seine bzw. ihre Situation als eine der Hilflosigkeit
empfindet. Hier kann das Dasein allerdings ausweichen und ontologisch ein geringeres Übel wählen, nämlich irgendwelche uneigentlichen Seinsweisen (s.o.).

Liegt die ursprüngliche Störung schließlich im Modus der
Spezies und versteht jemand auf der konkret-ontischen Ebene sich
praktisch nicht darauf, die gewählten Möglichkeiten des Seinkönnens derart tatkräftig umzusetzen, dass die gefühlsmäßigen Erwartungen entsprechend erfüllt werden, dann empfindet er oder sie
auf der ontologischen Ebene Leid als eigentliche Befindlichkeit wegen der Auskunft, die ihr oder ihm über die Situation gegeben wird,
in der er oder sie angekommen ist, nämlich dass sie oder er hoffnungslos für immer von seinem bzw. ihrem eigentlichen Selbst, also
von der vollkommenen Liebe, getrennt ist und bleibt. Durch dieses

existenziale Leid des Getrennt-Seins von der vollkommenen Liebe schwindet jegliche Autonomie dahin, das Dasein empfindet sich als Spielball irgendwelcher Mächte und empfindet seine bzw. ihre Situation als eine der Hoffnungslosigkeit. Hier kann das Dasein ebenfalls ausweichen und ontologisch ein geringeres Übel wählen, nämlich statt des Leids wegen ihres oder seines Getrennt-Seins entweder uneigentliche Trauer wegen konkreter Verluste, uneigentliche Furcht vor Bedrohungen oder vor konkreter Verantwortung, deren Druck schlimmer als der Tod erscheint, wobei hier der Tod meistens als Erlösung betrachtet wird und im Suizid herbeigeführt werden kann, oder uneigentlicher Zorn über frühere als Schädigungen angesehene konkrete Dinge.

Wenn die ursprüngliche Störung darin liegt, dass das Dasein auf der konkret-ontischen Ebene keinerlei Auskunft über ihre bzw. seine Unzulänglichkeiten annimmt bzw. vertraut, also sein Schuldigseinkönne leugnet wie bei einer Borderline-Störung (die zentrale psychotherapeutische Intervention bei einer Behandlung einer derartigen Störung besteht darin, Patienten mit dem ehrlichen Feedback von anderen zu konfrontieren und ihnen nahezubringen, dieser Auskunft darüber, was sie bei anderen auslösen, zu vertrauen und sie zu akzeptieren), dann wird es entweder konkret-ontisch von Furcht vor oder von dem Zorn über etwas Konkretes als jeweils uneigentlicher Empfindungen überschwemmt, ontologisch also von der Angst vor der Übernahme der Verantwortung für sein bzw. ihr Dasein (und darin enthalten die Angst vor dem Zum-Ende-hin-Sein) und der Wut über den Anfang ihres bzw. seines Seins, also über die Geworfenheit, als die jeweils eigentlichen Empfindungen, so dass er oder sie sich von allem distanziert und zurückzieht, bis er oder sie konkret-ontisch die Trauer wegen seiner bzw. ihrer Einsamkeit als uneigentliche Empfindung bzw. ontologisch das Getrennt-Sein von ihrem bzw. seinem eigentlichen Selbst, also von der vollkommenen Liebe, nicht mehr aushält und die Nähe zur konkreten Welt, also zu einem anderen aufsucht. So kann das immer hin und her gehen, und die Räumlichkeit als ontisch-konkreter Gegensatz von Nähe und Distanz und ontologisch die oben beschriebene

Dynamik der eigentlichen Empfindungen, weil sie oder er der Auskunft über seine bzw. ihre jeweilige Beziehung zu ihrem bzw. seinem In-der-Welt-Sein nicht vertraut, bestimmen die Problematik des Daseins, denn die eigentliche Auskunft als räumliche Ekstase belastet das Dasein mit diesen eigentlichen Befindlichkeiten. Dieses Nähe-Distanz-Muster ist ein typisches Beziehungsmuster bei der Borderline-Störung. Wegen der gestörten Ekstase der Auskunft (ontologisch) bzw. aufgrund des gestörten Beziehungsmusters (ontisch) entwickelt sich weder ein reifes Über-Ich noch die Fähigkeit zu sublimieren (s. 3.5).

Diese Analyse zeigt uns, dass nicht die Angst vor der Übernahme der Verantwortung für sein bzw. ihr Dasein und die vor dem Tod als dem Zum-Ende-hin-Sein das einzige ist, mit dem das Dasein ontologisch konfrontiert ist, sondern die Wut über die Geworfenheit und das Leid über das Getrennt-Sein von seinem eigentlichen Selbst, also von der vollkommenen Liebe, sind mindestens genauso unerträglich. Dies passt auch damit zusammen, dass bei der kindlichen Entwicklung, bei der ja der Schwierigkeitsgrad der zu bewältigenden Situationen immer weiter ansteigt, ein Kind zuerst Zorn wegen einer Situation der Überforderung, dann Furcht wegen einer Situation der Hilflosigkeit und schließlich Trauer wegen einer Situation der Hoffnungslosigkeit empfindet, d.h. die eigentliche Befindlichkeit der Wut scheint am leichtesten auszuhalten zu sein, dann kommt die Angst und am schwierigsten scheint es, mit der eigentlichen Befindlichkeit des Leids umzugehen. So spielt die Abwehr oder Annahme des Leids eine wichtige Rolle bei der Entwicklung der eigenen Liebesfähigkeit. Der islamische Mystiker Rumi soll gesagt haben: „Suche nicht nach Wasser, sondern werde durstig", d.h. „wehre nicht dein Leid ab, sondern nimm es an, damit du weißt, was du brauchst". Die Bedeutung des Leids vor allen anderen Empfindungen streicht auch der mittelalterliche Mystiker Meister Eckart heraus, wenn er sagt: „Leid ist das schnellste Ross zu Gott." Entsprechend heißt es im Tibetischen Buddhismus, dass es im Zustand oder Bereich des Mensch-Seins, wenn wir unser Leid und auch das der anderen empfinden können, am einfachsten sei, aus dem Rad der Wiedergeburt auszusteigen. Mit Leid ist nicht irgendein seelischer Schmerz gemeint, sondern eine Befindlichkeit, die unserem Mensch-Sein zutiefst zu Grunde liegt, nämlich „solches, was sich zunächst und zumeist gerade *nicht* zeigt, was gegenüber dem, was sich zunächst und zumeist zeigt, *verborgen* ist, aber zugleich etwas ist, was wesenhaft zu dem, was sich zunächst und zumeist zeigt, gehört, so zwar, dass es seinen Sinn und Grund ausmacht" (Heidegger, Sein und Zeit, 2006a, S. 35), und das ist die Sehnsucht nach der vollkommenen Liebe, genauso wie die Wut, davon getrennt worden zu sein, und die Angst, nie wieder dorthin zurückzufinden. Mithilfe der eigentlichen Befindlichkeit des Leids können wir Sinn und Grund unseres Seins frei nach Meister Eckart durchstoßen und so immer weiter zum absoluten Nichts bzw. zur vollkommenen Liebe vordringen. Genauso gut können aber auch die eigentliche Wut und die eigentliche Angst durch bestimmte Hindernisse hindurchstoßen.

Wenn Freud den Todestrieb 1920 in „Jenseits des Lustprinzips" (Freud, 1975) in die Theorie der Psychoanalyse einführt, mit dem er nicht nur die Regression – nach Heidegger das Sich-Zurückbringen zum Anfang des Daseins – sondern auch die Aggression, bei der man sein Leben zerstören möchte, in Verbindung bringt, lässt sich das meines Erachtens so interpretieren, dass er die eigentliche Wut über die Geworfenheit des Daseins von seinem Anfang her mit in seine theoretischen Ansichten hineinbringt. Geworfenheit bedeutet, dass das Dasein von der vollkommenen Liebe getrennt worden ist, indem es in die Welt geworfen wurde, und wegen der entsprechenden Wut möchte man zurück vor seine Existenz in dieser Welt gehen, und keine Existenz bedeutet Tod. Zusammen mit der eigentlichen Angst vor der Übernahme der Verantwortung für sein bzw. ihr Dasein und die vor dem Ende des Daseins, mit der das Dasein entschlossen zu seinem Ende vorläuft und der Möglichkeit ins Auge blicken muss, dass es die vollkommene Liebe nicht erreichen wird, wird die ganze Beziehung des Daseins zu seinem In-der-Welt-Sein (das ganze Leben) umfasst, und dies vermittelt insgesamt die

Sehnsucht nach seinem eigentlichen Selbst bzw. nach der vollkommenen Liebe, nach seinem eigentlichen Sein und nach seinem eigentlichen Nicht-Sein, worin Lebens- und Todestrieb vereint sind.

Die Angst vor dem Zum-Ende-hin-Sein bedeutet, dass es
mit der Hoffnung schon jetzt kritisch ist, dass das Dasein jemals die
vollkommene Liebe erreichen wird. Die Sehnsucht impliziert die eigentliche Empfindung des Leids wegen des Getrennt-Seins des Daseins von seinem eigentlichen Selbst, also von der vollkommenen
Liebe. Dieses Leid vermittelt zwischen der Wut und der Angst und
wird von diesen beiden vermittelt. Entsprechend kann man auch
zeigen, dass die Wut zwischen der Angst und dem Leid vermittelt
und Angst und Leid die Wut vermitteln, sowie dass die Angst zwischen Wut und Leid vermittelt und diese beiden die Angst vermitteln. Zwischen der eigentlichen Wut, der eigentlichen Angst und
dem eigentlichen Leid besteht also ein absolutes dialektisches Vermittlungsverhältnis, so dass keiner dieser drei eigentlichen Befindlichkeiten ein Vorrang eingeräumt werden kann. Mithilfe aller drei
Befindlichkeiten können wir immer wieder den Sinn und Grund unseres Daseins durchstoßen und so auf dem Weg vorankommen
zum absoluten Nichts bzw. zur vollkommenen Liebe, denn bei allen
drei eigentlichen Befindlichkeiten geht es um die vollkommene
Liebe.

Wenn die eigentliche Wut wegen seiner Geworfenheit,
dass es von der vollkommenen Liebe getrennt wurde, zu stark wird
und sich in den Vordergrund schiebt, dann sucht das Dasein in der
Regel nach Möglichkeiten des Seinkönnens, die ihm seine Befindlichkeit erleichtern, d.h. es wandelt die Wut in einen uneigentlichen
Zorn über etwas Konkretes um und versucht, den betreffenden
konkreten negativen Umstand (ein Nachteil, eine Schädigung o.ä.)
zu ändern. Dies wird mehr oder weniger gut gelingen, bis das Dasein früher oder später an eine Grenze kommt, wo es hin- und her-
wechselt zwischen Aktionismus und Lethargie, um die Situation zu
bewältigen (psychoanalytisch ausgedrückt). Dann kann es von seinen Anstrengungen, die u.U. schon Überforderungscharakter haben, nur dadurch erlöst werden, dass es mithilfe seiner eigentlichen Angst oder seines eigentlichen Leids seinen Seelengrund

durchstößt und ihm aufscheint, dass alles Streben ein sicheres Ende haben wird oder dass es deswegen überfordert ist, weil es von seinem eigentlichen Selbst getrennt und zu wenig liebesfähig ist und daher in beiden Fällen übermäßige Anstrengungen sinnlos sind. Das funktioniert, bis das Dasein von der eigentlichen Angst vor der Übernahme der Verantwortung für sein bzw. ihr Dasein und die vor dem Zum-Ende-hin-Sein, dass es womöglich nie die vollkommene Liebe erreicht, oder entsprechend von seinem eigentlichen Leid, hoffnungslos von seinem eigentlichen Selbst getrennt zu sein, übermannt wird.

Wenn es die eigentliche Angst nicht mehr aushält, dann sucht das Dasein in der Regel nach Möglichkeiten des Seinkönnens, die ihm seine Befindlichkeit erleichtern, d.h. es wandelt die Angst in eine uneigentliche Furcht vor etwas Konkretem um und versucht, die betreffende konkrete Bedrohung abzuwenden. Dies wird mehr oder weniger gut gelingen, bis das Dasein früher oder später an eine Grenze kommt, wo man in Abhängigkeiten fliehen kann und seine Emotionen abwehrt (psychoanalytisch ausgedrückt). Dann kann es von seiner Hilflosigkeit nur dadurch befreit werden, dass es mithilfe seines eigentlichen Leids oder seiner eigentlichen Wut seinen Seelengrund durchstößt und ihm klar wird, dass es ja von seinem eigentlichen Selbst, also von der vollkommenen Liebe, genau jetzt in diesem Augenblick getrennt ist oder früher davon getrennt worden ist. Wenn es nämlich nicht getrennt bzw. getrennt worden wäre, dann käme es mit allen Bedrohungen und sogar mit dem Tod zurecht.

Wenn es das eigentliche Leid nicht mehr aushält, dann sucht das Dasein in der Regel nach Möglichkeiten des Seinkönnens, die ihm seine Befindlichkeit erleichtern, d.h. es wandelt das Leid in eine uneigentliche Trauer wegen etwas Konkretem um und versucht, die betreffende konkrete Getrenntheit zu überwinden. Dies wird mehr oder weniger gut gelingen, bis das Dasein früher oder später an eine Grenze kommt, wo man sich schließlich von der Situation abspaltet (psychoanalytisch ausgedrückt). Dann kann es von seiner Hoffnungslosigkeit nur dadurch befreit werden, dass es mithilfe seiner eigentlichen Wut oder seiner eigentlichen Angst seinen Seelengrund durchstößt und ihm klar wird, dass es sich ein Idealbild aufgebaut hat und einem Phantombild nachgejagt ist, welches ihn genarrt und an der Nase herumgeführt hat, bis das Dasein erneut von der eigentlichen Wut über seine Geworfenheit, dass es von der vollkommenen Liebe getrennt wurde, oder von seiner eigentlichen Angst, dass die eigentliche Gefahr durch das falsche Ideal verschleiert wurde, jeweils ergriffen wird.

Die letzten drei Abschnitte haben Sinn und Bedeutung der Verdrängung aufgezeigt, wie dieser Ausdruck psychoanalytisch verwendet wird mit seinen drei Formen der Bewältigung, der Abwehr und der Abspaltung, und dies zeigte einige Möglichkeiten, die immer mehr zur Befreiung führen könnten: Die Bewusstheit (1) seines Todes bzw. seines Zum-Ende-hin-Seins und seiner Verantwortung für sein Dasein verbunden mit der Angst, womöglich nie zur vollkommen Liebe zu gelangen, (2) seiner Uneigentlichkeit bzw. Unvollkommenheit verbunden mit dem Leid, von der vollkommenen Liebe getrennt zu sein, und (3) seiner Geworfenheit in Illusionen und Täuschungen verbunden mit der Wut, dass es überhaupt von der vollkommenen Liebe getrennt wurde, durchstößt jeweils den Seelengrund des Daseins und führt ins absolute Nichts bzw. zur vollkommenen Liebe.

5. Psychotherapeutische Konsequenzen

Wie bei den psychischen Störungen gilt es auch bei der Psychotherapie, zwei Ebenen zu betrachten, nämlich die Ebene der konkret-ontischen Maßnahmen im psychotherapeutischen Setting und die ontologische Ebene, bei der es darum geht, was der ganzen Psychotherapie wesenhaft zu Grunde liegt und ihr Sinn und Grund gibt.

Als erstes will ich dabei die Rolle und Bedeutung des zu Behandelnden betrachten, der einmal Patient und einmal Klient genannt wird, also einmal Leidender (von lat. pati = dulden, leiden, ertragen, hinnehmen) und einmal Anhänger, Schützling, Höriger (von lat. cliens = Bursche, Diener, Gehilfe, Schutzbefohlener). Als nächstes geht es um die Rolle und die Bedeutung des Psychotherapeuten, der zumindest von der Wortbedeutung her danach trachten soll, Aufschluss über die Seele zu bekommen (griech. psyche = Seele, griech. thera = die Jagd, das Trachten und griech. peuthô = Aufschluss). Schließlich spielt noch die Beziehung zwischen beiden eine Rolle und hat eine Bedeutung, denn hier begegnen sich zwei Menschen, die einerseits jeweils absolut nur für sich und unabhängig sind, andererseits aber auch relativ und jeweils vom anderen abhängig sind (Nishitani, 2011).

5.1. Patient oder Klient

Beide Begriffe haben für mich vom Lateinischen her sowohl angemessene als auch irreführende Bedeutungen: einerseits ist „Patient" als Leidender durchaus angemessen, denn wenn er nicht leiden würde, käme er nicht zur Psychotherapie, und wer ohne Leid dorthin kommt, ist fehl am Platz. Andererseits ist „Patient" als passiv Duldender irreführend, da Leidende, die sich einer Psychotherapie unterziehen wollen, nicht immer passiv duldend sind. Wie allerdings aus 4.1 ersichtlich geworden ist, kommt sein Leid daher, dass er sich als psychisches, geistiges und/oder materielles Subjekt von sich selbst abgekehrt hat und dies nur dadurch lösen kann, dass er sich entschlossen um möglichst echte und unmittelbare Auskunft über Herkunft, Zukunft und/oder Ankunft seiner Situation bemüht. Er muss also ein aktives und entschlossen bemühtes Subjekt sein bzw. dazu werden, er darf in diesem Sinne nicht Duldender bleiben. Was effektive Lösungen betrifft, sind also alle an psychischen Störungen Leidende passiv und sollten in die richtige Richtung aktiviert werden.

Der Begriff des Klienten als Schutzbefohlener ist einerseits angemessen, weil dieser als Leidender erst einmal Schutz braucht, um sich etwas zu beruhigen, denn wer zu aufgeregt ist, kann nichts verarbeiten, jegliche Auskunft ist nutzlos und daher keine Auskunft für ihn, so dass all seine Bemühungen zu nichts führen können. Andererseits legt die Bedeutung des Klienten als Anhänger, Diener und Gehilfe irreführenderweise nahe, dass er nicht autonom bzw. selbstverantwortlich handelt, sondern nur nach Anweisungen eines Vorgesetzten. Insofern sind beide Begriffe teils angebracht, teils nicht, so dass ich mich für den Begriff Patient entscheide, weil er die Bedeutung des Leids (s. 4.2) besser zum Vorschein bringt und die Bedeutung der angemessenen Aktivierung betont.

Die Rolle des Patienten muss also die eines aktiven Subjekts sein oder werden, das selbstverantwortlich handelt und sich keinen Anweisungen unterwirft. Ferner sollte er sich möglichst offen halten für jegliche Auskunft (1) als Objekt der Materie, was seine Affekte und Täuschungen betrifft, (2) als Objekt der Psyche, was seine Empfindungen und seine Ergriffenheit bzw. Betroffenheit angeht, und (3) als Objekt des Geistes, was seine Gefühle und Erwartungen offenbaren.

Ontologisch, also von dem her, was unserem Sein wesenhaft zu Grunde liegt, bedeutet diese Rolle des Patienten, dass er sich bereit hält für alle seine eigentlichen Empfindungen, (1) für seine Wut über seine Geworfenheit, also dass er von der vollkommenen Liebe getrennt wurde, (2) für seine Angst vor der Übernahme der Verantwortung für sein Dasein und die vor dem Zum-Ende-hin-Sein seiner Existenz, vor dem sicheren, aber zeitlich und von den Umständen her ungewissen, eigensten Tod als mögliches

Ende aller Hoffnungen, die vollkommene Liebe zu erreichen, und (3) für sein Leid wegen seines momentanen Getrennt-Seins von seinem eigentlichen Sein und Nicht-Sein, von der Utopie der vollkommenen Liebe.

Wie und wodurch kann ein Patient es hinbekommen, die oben beschriebene Rolle einzunehmen? Welche Hilfen kann ein Psychotherapeut ihm dafür an die Hand geben? Da der Patient selbst zum aktiven Subjekt werden soll, darf der Therapeut ihn nicht mit Regeln einschränken, er muss ihm gewissermaßen Anti-Regeln geben. Indem Alice Holzhey-Kunz die Freud'sche Regel, der Patient solle vollkommen frei assoziieren und rückhaltlos alles berichten, was ihm zuerst einfällt, als eine derartige Anti-Regel interpretiert (Holzhey-Kunz, 2014, S. 198) und dies damit begründet, der Patient solle sich offen halten für die existenziale Angst ganz im Sinne Heideggers, zeigt sie, wie das psychoanalytische Setting den Patienten zum aktiven Subjekt machen kann. Ein anderes Beispiel für eine Anti-Regel findet sich in der Gestalttherapie, wenn Fritz Perls den Patienten anweist, eine Lücke zu machen und die Natur sie füllen zu lassen („Make a void, and let nature fill in!"). Durch derartige Anti-Regeln wird der Patient angeleitet, sich mit dem Gegensatz aktiv-passiv auseinanderzusetzen, immer besser damit umzugehen und ihn schließlich dadurch immer besser zu überwinden, der ihm zum ersten Mal auf der Entwicklungsebene des physischen Selbst begegnet ist, und er erkennt den Sinn und den Unsinn von Regeln.

Angesichts des Todes, seiner Verantwortung für sein Dasein, seiner Geworfenheit und seines Getrennt-Seins ist das Dasein immer mit dem Aspekt der Unverfügbarkeit seines Daseins konfrontiert. Indem der Patient eigeladen wird, Subjekt zu sein, konfrontiert ihn dies früher oder später mit diesem Aspekt, und indem der Therapeut ihm nicht hilft, ist der Patient aufgefordert, das auszuhalten, d.h. er wird aufgefordert einzusehen, dass er immer wieder auch Objekt ist, und auf diese Weise bekommt er die Gelegenheit, den Gegensatz subjektiv-objektiv immer besser zu überwinden, der ihm zum ersten Mal auf der Entwicklungsebene des sozialen Selbst begegnet ist, und er erkennt den Sinn und den Unsinn von Weltanschauungen.

Wenn der Therapeut die Aufmerksamkeit des Patienten immer wieder auf dessen Befindlichkeit lenkt, rückt er oder sie ebenfalls den Aspekt der Unverfügbarkeit des Daseins in den Mittelpunkt. Insofern ist auch das Spiegeln emotionaler Inhalte von Äußerungen des Patienten wie in der Gesprächspsychotherapie eine Hilfe für ihn, denn viele Aspekte von Emotionen sind unverfügbar für das Dasein, insbesondere die Affekte. Mit Körpersensationen ist es dasselbe, weswegen hypnotherapeutische Verfahren, die den Patienten vor allem auf psychische und körperliche Empfindungen fokussieren und deren Verarbeitung nicht beeinflussen, psychotherapeutisch sehr wertvoll sein können. Freud hat seinerzeit die Hypnose wohl deshalb abgelehnt, weil sie in ihrer damaligen Form, in der sie therapeutisch eingesetzt wurde, den Patienten zu stark gelenkt und zum Objekt gemacht hat.

Indem derartige Prozesse, die ausgelöst werden durch das freie Assoziieren von Gedanken, die freie Entwicklung der Befindlichkeit und das freie Beobachten von Körpersensationen, und die damit jeweils die Unverfügbarkeit der drei Daseinsaspekte Geist, Psyche und Körper demonstrieren, in den Mittelpunkt der Aufmerksamkeit gestellt werden, kann der Patient immer mehr entdecken, wie kontinuierlich, aber auch sprunghaft, und wie geradlinig, aber auch zirkulär diese Prozesse ablaufen können, so dass er auch immer mehr die Gegensätze kontinuierlich-diskontinuierlich und linear-zirkulär überwinden kann, die ihm zum ersten Mal auf den Entwicklungsebenen des teleologischen und des intentionalen Selbst begegneten, und er erkennt je nachdem dabei den Sinn und den Unsinn von Geschicklichkeit und Zielstrebigkeit.

Bei alldem bewertet ein Patient immer wieder die Geschehnisse und seine Erfahrungen als gut oder schlecht, und im Idealfall sieht er immer deutlicher, wie relativ solche Werturteile sind. In einem bestimmten Zusammenhang erscheint etwas positiv, in einem anderen dagegen negativ, und das kann je nach räumlicher

Perspektive oder Zeit hin- und herwechseln. So wird ihm die Relativität von Ort und Zeit bzw. der Gegensatz räumlich-zeitlich immer klarer, der ihm zum ersten Mal auf der Entwicklungsebene des repräsentationalen Selbst begegnet ist, und er kann ihn immer besser überwinden, indem er Sinn und Unsinn von Werturteilen, Moral und Ethik erkennt.

Folgende Geschichte aus dem Taoismus mag veranschaulichen, was damit gemeint ist: In einer früheren Zeit und an einem Ort, an dem es noch so etwas wie Wildnis gab, lief einem Bauern sein einziges Pferd davon, so dass er nicht mehr wusste, wie er sein Feld bestellen konnte. Voller Mitgefühl sagten die Leute in seinem Dorf: „Was für ein Pech!", er aber zuckte nur mit den Achseln und meinte: „Glück oder Pech, wer weiß?" Einige Tage später kam das entlaufene Pferd aus der Wildnis zurück, und drei Wildpferde folgten ihm. „Was für ein Glück!", riefen die Leute, der Bauer aber zuckte mit den Achseln und meinte: „Glück oder Pech, wer weiß?" Wieder ein paar Tage später versuchte der Sohn des Bauern eines der Wildpferde zu zähmen und auf ihm zu reiten, wurde aber abgeworfen und brach sich das Bein. „Was für ein Pech!", riefen die Leute, der Bauer aber zuckte lediglich mit den Achseln und meinte: „Glück oder Pech, wer weiß?" Kurz darauf kamen Boten des Königs, der in den Krieg ziehen wollte, und alle jungen Männer des Dorfes mussten mitkommen, bis auf einen. „Was für ein Glück!", riefen die Leute, der Bauer aber zuckte wieder nur mit den Achseln und meinte: „Glück oder Pech, wer weiß?" Diese Geschichte ließe sich endlos weitererzählen, und es bliebe stets ungewiss, was nun wirklich wie zu bewerten ist.

Wenn Patienten auf diese Weise mit Hilfe des Therapeuten immer mehr die beschriebenen Gegensätze überwinden, nähern sie sich immer mehr dem utopischen Zustand der vollkommenen Liebe (Kolb, 2017a, S. 135 ff., Kapitel 3.8).

Insgesamt ist die Rolle des Patienten hinreichend beschrieben, und auch, wie der Therapeut ihn dabei unterstützen kann. Ich möchte an dieser Stelle dafür plädieren, verschiedene Therapieverfahren sinnvoll zu kombinieren, denn nicht jeder Patient ist jederzeit offen und dazu in der Lage, die eine oder andere Hilfestellung des Therapeuten zu nutzen. Manchmal hilft z.B. freies Assoziieren besser, manchmal aber die Konzentration auf Befindlichkeiten, die Atmung, die Körperhaltung oder Körpersensationen.

5.2. Die Rolle und Haltung des Psychotherapeuten

Die Rolle des Psychotherapeuten beschränkt sich in erster Linie darauf, den Patienten in seiner Rolle zu unterstützen, ihn auf Gegensätzlichkeiten aufmerksam zu machen und ihm den Aspekt der Unverfügbarkeit des Daseins zu vermitteln. Da auf der ontologischen Ebene, auf der dieser Aspekt nur verstanden werden kann, dem Patienten die eigene Unverfügbarkeit zunächst und zumeist verborgen ist und er diese zuerst bei einem anderen entdeckt, wie schon Heidegger bemerkte (Heidegger, Sein und Zeit, 2006a), kann es sehr hilfreich sein, wenn der Therapeut dem Patienten seine eigene Unverfügbarkeit zeigt, indem er z.B. bestimmte Erwartungen des Patienten nicht erfüllt.

Ferner ist es wichtig für Therapeuten, klar zu unterscheiden, wann sie eine unterstützende Rolle im Sinne von vorspringend-befreiend einnehmen sollten, und wann eine konfrontierende, um deutlich zu machen, welche Verantwortung jeder Mensch zu tragen hat. Hier gilt für mich, dass niemand dafür verantwortlich ist, in welche aktuelle Lebenssituation man geworfen ist, wohl aber dafür, wie man damit umgeht, und zwar, ob und wie man sich darauf einlässt. Wenn jemand sich entschlossen einlässt, sollten Therapeuten nach bestem Vermögen unterstützend intervenieren, und wenn jemand sich gar nicht einlassen will, sollten sie dieses Verhalten konfrontieren. Da die meisten Patienten sich teilweise einlassen und teilweise nicht, ist es am günstigsten, auf entsprechend sich einlassendes Verhalten positiv zu reagieren und die Patienten dort zu unterstützen. Häufig lassen sie sich dann immer mehr ein, und nur an den Stellen, die sie auch nach längerer Zeit vermeiden, sollte man dies hinterfragen (möglichst mit Ich-Botschaften wie: „Mich wundert, dass ...") und so konfrontieren.

Konkret geht es also jeweils darum, dass der Psychotherapeut mit seinen Interventionen den Patienten beim Fluss der freien Assoziationen, der verschiedenen auftauchenden Befindlichkeiten und/oder Körpersensationen hält, dass er je nachdem vielleicht auch zwischen den verschiedenen Aspekten Geist, Psyche und Materie, also den Assoziationen, Befindlichkeiten und Körperempfindungen und damit zwischen verschiedenen Perspektiven wechselt, wobei eine große Sprunghaftigkeit von ihm beachtet und registriert werden sollte. Wenn dieser Fluss stockt oder immer wieder von vorne beginnt und auch durch einen Wechsel nicht voran bzw. in Gang kommt, kann es hilfreich sein, wenn der Therapeut unter diesen Umständen Äußerungen seiner eigenen freien Assoziationen, Befindlichkeiten oder Körpersensationen einfließen lässt. Damit demonstriert er dem Patienten seine eigene Unverfügbarkeit. Dadurch kann der Patient die Unverfügbarkeit des Therapeuten erkennen und schließlich auch seine eigene. In diesem Sinne ist das Demonstrieren der Unverfügbarkeit des Therapeuten ein Trachten nach Aufschluss (griech. thera peuthô), der Patient wird sozusagen aufgeschlossen bzw. immer aufgeschlossener, so dass der freie Fluss der Äußerungen seiner Gedanken, Befindlichkeiten oder Körpersensationen weiter fließen kann. Insgesamt wird für beide die Ekstase der Auskunft wichtig, weil nur sie den Aufschluss vermitteln kann.

Zum einen muss der Therapeut sich bei dieser Aufgabe offen halten für die eigentlichen Befindlichkeiten des Patienten,

1. indem er die Ekstase der *Herkunft* beachtend der individuellen Geschichte des Patienten zuhört, die sich auch hinter Symptomen, Beziehungsangeboten gegenüber dem Therapeuten und jeder anderen Äußerung des Patienten verbergen kann, und dabei die Ekstase der *Auskunft* beachtend offen ist für die eigentliche Wut über dessen Geworfenheit, dass er generell von der vollkommenen Liebe getrennt worden ist,

2. indem er sich die Ekstase der *Zukunft* beachtend die Erwartungen und Befürchtungen des Patienten anhört, die ebenfalls verborgen sein können hinter Symptomen, Beziehungsangeboten gegenüber dem Therapeuten und anderen Äußerungen des Patienten, und dabei die Ekstase der *Auskunft* beachtend offen ist für dessen eigentliche Angst vor der Übernahme der Verantwortung für dessen Dasein und vor dem unüberholbaren Zu-Ende-Sein des Daseins, wenn alle Hoffnungen am Ende sind, dass er jemals die vollkommene Liebe erreichen kann,

3. und indem er die Ekstase der *Ankunft* beachtend auf die momentanen Wünsche und Sehnsüchte des Patienten achtet, die sich genauso wie die Herkunft und die Zukunft des Patienten hinter dessen Symptomen, Beziehungsangeboten und sonstigen Äußerungen verstecken können, und dabei die Ekstase der *Auskunft* beachtend offen ist für das eigentliche Leid wegen dessen momentanem Getrennt-Sein von seinem eigentlichen Selbst, also von der vollkommenen Liebe.

Um immer wieder die eigene Unverfügbarkeit zeigen zu können, muss der Therapeut sich *zum anderen* offen halten für die eigenen eigentlichen Befindlichkeiten der Wut über seine Geworfenheit, der Angst vor der Übernahme der Verantwortung für sein Dasein und vor dem Zu-Ende-Sein aller Hoffnungen und des Leids wegen seines Getrennt-Seins von seinem eigentlichen Sein und Nicht-Sein bzw. von der vollkommenen Liebe. Auch für diese Haltung des Psychotherapeuten kann es keine Regel geben, sondern nur Nicht- oder Anti-Regeln, so wie Holzhey-Kunz die Freud´sche Regel des Zuhörens in gleichschwebender Aufmerksamkeit auslegt (Holzhey-Kunz, 2014, S. 198). Die unter 5.1 den Patienten empfohlene Regel von Fritz Perls wird auch dem Therapeuten nahegelegt, und wenn Milton Erickson, der als Vater der modernen Hypnotherapie gilt, von sich erzählt, dass er bei schwierigen Patienten selbst in eine Trance geht, dann zielen alle diese Empfehlungen und Anti-Regeln auf dieselbe Haltung des Psychotherapeuten ab.

Bei dieser Haltung hört der Psychotherapeut also darauf, was sich innerhalb der Horizonte der Herkunft, der Zukunft und der Ankunft sowohl beim Patienten als auch bei ihm selbst zeigt – das ist alles noch konkret-ontisch –, und zusätzlich achtet er darauf, was sich innerhalb des Horizonts der Auskunft ergibt, nämlich „solches, was sich zunächst und zumeist gerade *nicht* zeigt, was gegenüber dem, was sich zunächst und zumeist zeigt, *verborgen* ist, aber zugleich etwas ist, was wesenhaft zu dem, was sich zunächst und zumeist zeigt, gehört, so zwar, dass es seinen Sinn und Grund ausmacht" (Heidegger, Sein und Zeit, 2006a, S. 35). Dies zeigt noch einmal die besondere Bedeutung der Ekstase der Auskunft, durch die erst das Ontologisch-Wesenhafte erschlossen werden kann, welches sich hinter dem verbirgt, was sich innerhalb der Horizonte der drei zeitlichen Ekstasen zeigt.

Wenn der Therapeut in freier Assoziation Gedanken äußert, die ihm als erstes einfallen, nachdem er bemerkt hat, dass der Fluss des Patienten stockt oder sich im Kreis dreht, dann kann man das als Deutung betrachten, die der Therapeut über den Patienten macht. Weil die Haltung des Therapeuten aber dieselbe ist, die er auch dem Patienten empfiehlt bzw. empfohlen hat, wird der Patient dadurch nicht eingeschränkt oder gar beherrscht, sondern im Gegenteil in seiner Rolle als Patient sogar unterstützt, denn dies macht den Weg frei für weitere spontane Äußerungen des Patienten über dessen Gedanken, Emotionen und Körpersensationen, d.h. der Therapeut bleibt seinen Zielen und seiner Rolle treu. An dieser Stelle sind wir schon bei der therapeutischen Beziehung angelangt.

5.3. Die Beziehung zwischen Patient und Therapeut

Wie gerade eben aufgezeigt, begegnen sich Patient und Therapeut als gleichgestellte Personen, die sich dieselbe Aufgabe stellen und sich entsprechend bemühen, nämlich sich offen zu halten in ihren eigentlichen Befindlichkeiten der Wut, der Angst und des Leids. Insofern sind beide ontologisch-wesenhaft absolut unabhängig, was sich konkret-ontisch z.B. darin zeigt, dass beide jeweils völlig unabhängig voneinander das psychotherapeutische Verhältnis beenden können. Gleichzeitig und ineins mit dieser absoluten Unabhängigkeit sind beide ontologisch-wesenhaft absolut abhängig voneinander, was konkret-ontisch z.B. dadurch deutlich wird, dass der Therapeut kein Therapeut sein kann, wenn der Patient dies nicht zulässt, und dass umgekehrt der Patient auch kein Patient sein kann, wenn der Therapeut auf dieses Arrangement nicht eingeht. Die absolute Abhängigkeit kann man auch so beschreiben, dass beide jeweils dem anderen *ausgesetzt* sind, der sie jeweils in ihrem Worumwillen affektiv begreifen, befindlich verstehen und selbstbestimmt gegenüber dem anderen handeln kann. Beide sind so jeweils *für* den anderen, wie Paul Sartre es ausdrückt (Sartre, 1993).

Dieser Gegensatz abhängig-unabhängig liegt jeder Beziehung und damit auch jedem Beziehungsproblem wesenhaft zu Grunde. Eine Beziehung und damit auch eine therapeutische Beziehung bzw. die ganze psychotherapeutische Behandlung kann dann und nur dann gelingen, wenn dieser Gegensatz immer wieder überwunden wird. Nishitani beschreibt diesen Gegensatz als die Gegensätzlichkeit von Freiheit und Gleichheit (Nishitani, 2011). Was wesenhaft-ontologisch jeder konkret-ontischen Lösung zu Grunde liegt, beschreibt er gleichnishaft mithilfe der folgenden Zen-Geschichte: Zwei Zen-Meister, die sich nur vom Namen her kennen, begegnen sich zum ersten Mal persönlich. Meister A fragt daraufhin Meister B nach seinem Namen, und dieser antwortet: „Ich bin Meister A." Daraufhin ruft Meister A aus: „Aber das bin doch ich! Wer bist du?" Darauf antwortet Meister B: „Ich bin Meister B.", und beide lachen.

Auf die psychotherapeutische Situation und Beziehung lässt sich dieses Gleichnis folgendermaßen anwenden: Nachdem der Patient mit dem freien Fluss seiner Äußerungen von Assoziationen, Befindlichkeiten und/oder Körpersensationen begonnen hat, gerät er früher oder später ins Stocken, weil ihm konkret-ontisch das Ganze z.B. zu blöd ist, ihm das Schweigen des Therapeuten unheimlich erscheint oder er dem Therapeuten gefallen möchte. Ontologisch-wesenhaft zu Grunde liegt dem die eigentliche Wut („zu blöd") über die Geworfenheit in die momentane Situation, die eigentliche Angst vor der Unheimlichkeit des In-der-Welt-Seins, das er verantwortlich übernehmen musste und das jederzeit zu Ende sein kann, oder das eigentliche Leid wegen des Getrennt-Seins von seinem eigentlichen Selbst, also von der vollkommenen Liebe, was er auf den Therapeuten projiziert, indem er ihm gefallen will. Hier begegnen sich auf der ontologischen Ebene Patient und Therapeut zum ersten Mal, und durch sein Innehalten fragt der Patient den Therapeuten nach dessen Worumwillen (das ist die Bedeutung des Namens in der Zen-Geschichte). Indem der Therapeut auf das Stocken des Patienten derart eingeht, dass er dessen Rolle übernimmt und den Fluss der Äußerungen des Patienten aufnimmt und fortführt, antwortet er: „Ich bin der Patient" oder „Ich bin du". Wenn die Äußerungen des Therapeuten zu dem freien Fluss der Äußerungen des Patienten passen und sie weiterführen, dann stellt der Patient fest bzw. es ist ihm erschlossen, auch wenn er es noch nicht richtig entdeckt: „Das bin ja ich!", und je mehr er es entdeckt, desto mehr kann er konkret-ontisch zornig oder furchtsam darüber sein, dass sein Therapeut ihn durchschaut hat und besser zu kennen scheint als er selbst, oder traurig deswegen, weil er sich von seinen eigentlichen Fähigkeiten und Fertigkeiten, die er beim Therapeuten entdeckt, so weit entfernt und getrennt sieht. Auch hier können wir wieder auf der ontologischen Ebene die drei eigentlichen Befindlichkeiten der Wut, der Angst und des Leids erkennen. Wenn dies beim Patienten idealerweise immer mehr Raum gewinnt und er dadurch immer besser in die Ekstase der eigentlichen Auskunft versetzt wird bzw. sich selbst dort hineinversetzt, dann wird er schließlich den Therapeuten ganz offen fragen, wer er ist, und nachdem dieser sich so gut wie möglich in die Ekstase der eigentlichen Auskunft versetzt und sich in seinem Dasein gezeigt hat, ist die Spannung gelöst, und beide können lachen und sich über ihre Beziehung freuen, sodass Heilung beginnen kann.

Wichtig bei diesem ganzen Prozess ist, dass Therapeut und Patient nicht an irgendwelchen Konzepten anhaften, dass sie insbesondere alle ihre Machtkonzepte loslassen und nicht versuchen, einander zu beherrschen, auszunutzen und zu manipulieren. Wenn die Freud'sche Abstinenzregel in dieser Weise ebenfalls als Anti-Regel aufgefasst wird, dann ergänzt sie die beiden anderen unter 5.1 und 5.2 erwähnten Anti-Regeln perfekt. Man kann diesen Vorgang des beiderseitigen Loslassens auch so beschreiben: Wenn der Therapeut vergisst, dass er Therapeut ist, und der Patient, dass er Patient ist, dann kann Heilung beginnen.

5.4. Deutung des Therapeuten und Ziel der Therapie

Zusammenfassend lässt sich an dieser Stelle festhalten, dass die Zwischenziele des Therapeuten bei einer Psychotherapie zum einen eine Regulierung der Erregung des Patienten sein sollte und zum andern eine Anregung, Einladung, Ermunterung und Ermahnung an ihn, immer wieder die Perspektive zu ändern, um möglichst viele Aspekte seines Daseins zu erfassen. Dabei spielt die Deutung des Therapeuten eine wichtige Rolle, und sie soll dem übergeordneten Ziel der Entwicklung der Liebesfähigkeit dienen, der Erfüllungsgestalt des ganzen menschlichen Lebens, welche die gesamte Lebensform bestimmt, also die gesamte Beziehungsform des Daseins zu seinem In-der-Welt-Sein, um das es ihm ja geht.

Was die Deutung des Therapeuten betrifft, so lässt sich diese nach den bisherigen Überlegungen auf die Formel bringen, dass der Therapeut indirekt zum Patienten sagt: „Ich bin du." Dabei hilft er aber nicht einspringend-beherrschend, sondern vorspringend-befreiend, wie Heidegger es ausgedrückt hat (Heidegger, Sein und Zeit, 2006a), indem er den Patienten darin bestärkt und ihn ermutigt, die Äußerungen über seine gedanklichen Assoziationen, über seine Befindlichkeiten und über seine Körpersensationen weiter frei fließen zu lassen und entsprechende Hindernisse zu überwinden, denen ontologisch-wesenhaft die eigentliche Wut wegen seiner Geworfenheit, die eigentliche Angst vor der Übernahme seines vergangenen, zukünftigen und gegenwärtigen Seins als auch Nicht-Seins und/oder das eigentliche Leid wegen des Getrennt-Seins von seinem eigentlichen Selbst, also von der vollkommenen Liebe, zu Grunde liegen. Dabei spielt die Unbewusstheit des Patienten eine große Rolle, ein Zustand, dessen Eigenart es ist, dass wir uns dadurch im Ungewissen halten, dass wir etwas nicht miteinander vergleichen können oder wollen, weil wir bestimmte emotionale Gedächtnisinhalte nicht verarbeiten, d.h. nicht im biografischen Gedächtnis integrieren.

Ein Beispiel aus meiner Praxis: Eine Patientin, die schon öfter über ihre Beziehung mit ihrem Ehemann geklagt und immer wieder überlegt hatte, ob sie sich von ihm trennen sollte, hatte mit einem anderen Mann eine noch unverbindliche Liebelei begonnen. Eines Tages schilderte sie mir in einer Therapiestunde, wie schlecht dieser Freund sie behandelt habe. Dabei drehte es sich in ihren Gedanken nur um die Ereignisse, wie er sie verletzt hätte. Nach einer Weile äußerte ich spontan: „Dann können Sie auch bei ihrem Mann bleiben." Sie lachte daraufhin und konnte das Thema ihrer Verletzung bald loslassen. Später gegen Ende der Therapie erklärte sie mir, dass dies einer der Wendepunkte in der Therapie gewesen sei, und dass diese Äußerung von mir sie bis heute immer noch begleite. Da mir selbst diese Bedeutung und Wirkung meiner Intervention bis dahin nicht bewusst war (ich hatte diese Begebenheit nicht mit anderen verglichen und daher ihre Bedeutung für die Patientin nicht erkannt), machte ich mir Gedanken darüber, was das Ganze mir selbst deutlich machen könnte.

Zum einen wurde mir noch einmal klar, welche große Bedeutung der Humor in allen zwischenmenschlichen Begegnungen hat – meine Patientin hatte nach meiner Äußerung gelacht, die beiden Zen-Meister am Ende der Geschichte oben ebenfalls. Unter Pädagogen heißt es auch, dass eine Unterrichtsstunde, in der nicht wenigstens einmal gelacht wurde, keine gute Unterrichtsstunde sei. Dies kann man meines Erachtens auch auf Therapiestunden übertragen. Humor ist gewissermaßen ein Königsweg, um einen

Perspektivwechsel zu initiieren, indem Dinge in einen neuen Zusammenhang gebracht werden.

Zum anderen assoziierte ich für mich Gedanken zu diesem
Satz, der mir in der Therapiestunde so spontan herausgerutscht
war, und kam schließlich auf das Thema „Bei sich bleiben", eine andere Formel für die Abstinenzregel von Freud. Bei meiner Äußerung
gegenüber meiner Patientin war ich einerseits authentisch und damit vollkommen bei mir gewesen, andererseits aber war ich damit
herausgeplatzt und in dieser Hinsicht nicht bei mir geblieben. Ich
war bei mir geblieben, indem ich nicht bei mir geblieben war.
Meine Demonstration der Überwindung dieses Gegensatzes, was
mir in dieser Situation überhaupt nicht aufgefallen war, hatte
schließlich bei meiner Patientin dazu geführt, dass sie ihren Konflikt, bei ihrem Mann zu bleiben oder nicht, dadurch lösen konnte,
dass sie bei sich blieb und Lösungsansätze ihrer Eheproblematik zusammen mit ihrem Mann suchte und fand. Insofern hatte ich mit
meiner Bemerkung einerseits ihren Standpunkt übernommen („Ich
bin du"), andererseits aber eine Denk-Barriere beseitigt und ihr so
den Weg freigemacht, ihre eigentliche Problematik, bei sich zu bleiben und sich selbst zu lieben, zu bearbeiten.

Meine Intervention hatte zuerst ihre Unbewusstheit been-
det, indem ich die beiden Beziehungen zu ihrem Freund und zu ihrem Mann miteinander verglich, anschließend wechselte sie in der
therapeutischen Situation vom geistigen Subjekt im Modus des Individuums, als sie nämlich nur mit den Möglichkeiten beschäftigt
war, wie sie mit ihrem Freund am besten umgehen solle, in den
Modus der Spezies, indem sie über die Beziehung zu ihrem Mann
sprach, und schließlich in den des Genus und begriff als psychisches
Subjekt, wie sehr sie einer Art von Liebeswahn verfallen war. Au-
ßerhalb der Therapiesituation wechselte sie vom kompensatorisch
ausagierenden materiellen Subjekt im Modus der Spezies, als sie
nämlich sich dauernd mit diesem Freund traf und sich dabei ziemlich abhängig von ihm machte und fühlte, in den Modus des Genus,
indem sie sich mit ihrem Mann austauschte, und dann in den des
Individuums, indem sie überlegte und als geistiges Subjekt Lösungs-
möglichkeiten ihrer Eheproblematik plante und sich schließlich als

materielles Subjekt im Modus der Spezies selbstbestimmt und erfolgreich mit ihrem Mann auseinandersetzte. Ontologisch-wesenhaft hatte sie ihren Seelengrund durchstoßen, der nur noch aus Leid zu bestehen schien, mithilfe ihrer eigentlichen Wut über ihre Geworfenheit, von der vollkommenen Liebe getrennt worden zu sein (konkret, ihrem Mann entfremdet und der Beziehung mit diesem Freund ausgesetzt zu sein).

Dieses „Ich bin du" der Zen-Geschichte soll die verborgenen, wesenhaften Hindernisse aufdecken und dem Patienten begreiflich machen, dass und eventuell beispielhaft wie er sie überwinden kann. In Bezug auf das Aufdecken ist dies eine echte Deutung, und bezüglich des Begreiflich-Machens wirkt es auffordernd und befreiend, ist also echte Protreptik (von griech. Protreptikos, eine ermunternde und ermahnende Schrift von Aristoteles, sich mit der Philosophie zu beschäftigen). Dies passt auch zu dem von Holzhey-Kunz formulierten Therapieziel, den an seiner daseinsmäßigen Hellhörigkeit leidenden Patienten zum philosophisch erfahrenen Menschen zu machen (Holzhey-Kunz, 2014, S. 263).

Während andere psychotherapeutische Deutungen, insbesondere die psychoanalytische, auf der konkret-ontischen Ebene stehen bleiben, beschäftigt sich die daseinsanalytische Deutung mit den verborgenen Problemen des Daseins, deckt also ganz andere Zusammenhänge auf, die notwendigerweise niemals vollkommen aufgedeckt werden können und die sich immer auf momentane Phänomene beziehen. Therapeut und Patient sind dabei dazu angehalten, sich für die ontisch-ontologische Differenz zu öffnen. Konkret kann der Therapeut den Patienten dadurch einladen, sich derart zu öffnen, dass er ihn auf Täuschungen hinweist, denen er noch als psychisches Subjekt beim Begreifen unterliegt (wenn er z.B. von bestimmten Geschehnissen zu stark ergriffen ist) oder als geistiges Subjekt beim befindlichen Verstehen (wenn er z.B. bei bestimmten Vorhaben zu starke positive oder negative Erwartungen hat) oder als materielles Subjekt beim praktischen Verstehen und Vorhaben-Ausführen (wenn er z.B. bei bestimmten Handlungen zu hohe oder zu niedrige Ansprüche an seine Fähigkeiten und Fertigkeiten stellt). Nachdem der Patient dies jeweils begriffen hat, kann ihn der Therapeut fragen, ob er sich deswegen im Ungewissen über seine Täuschungen lässt (das ist Unbewusstheit, s. S. 102, Kapitel 3.5), also eine echte Auskunft darüber vermeidet, weil er wütend über sein In-der-Welt-Sein oder ängstlich deswegen ist oder darunter leidet, und dass er in der Folge ebenfalls der Auskunft darüber ausweicht, dass er diese Wut, diese Angst oder dieses Leid empfindet. Durch so etwas wird nämlich verhindert, dass emotionale Inhalte im biografischen Gedächtnis integriert werden.

Diese eigentlichen Befindlichkeiten der Wut, der Angst und des Leids sind generell sehr widersprüchlich: einerseits sind wir ontologisch-wesenhaft wütend über unsere Geworfenheit, dass man uns etwas zumutet, ohne dass wir vorher gefragt wurden, und wir müssen dann damit zurechtkommen, ob wir wollen oder nicht, wir müssen existieren, andererseits haben wir Angst, beim Tod aus diesen uns zugemuteten Situationen irgendwann einmal herausgenommen zu werden. Einerseits ängstigen wir uns, unsere Existenz zu übernehmen, dafür verantwortlich zu sein, andererseits werden wir wütend, wenn man uns die Fäden wieder aus der Hand nehmen will. Wir leiden unter unserer Geworfenheit, dass und wie wir leben müssen, und wir leiden darunter, dass wir einmal alle sterben müssen. So betrachtet kann man es uns Menschen einfach nicht recht machen. Das Ganze macht nur dann Sinn, wenn man es unter dem Aspekt betrachtet, dass es vom Dasein bezeugt ist, dass alle Menschen wesenhaft nach der vollkommenen Liebe streben, d.h. wenn man erkennt, dass die Wut sich darauf richtet, dass wir von der vollkommenen Liebe getrennt wurden, dass wir Angst davor haben, nicht mehr zu ihr zurückzufinden, und generell darunter leiden, von ihr getrennt zu sein. Widersprüchlich sieht es nur aus, wenn man die Liebe nicht miteinbezieht.

Die ohne Berücksichtigung der Liebe entstehende Ambivalenz zieht sich dann durch unsere ganze Beziehung zu unserem In-der-Welt-Sein, durch unser ganzes Leben, insbesondere durch alle zwischenmenschlichen Beziehungen, was in folgendem tiefgründigen Bilderwitz ausgedrückt ist: Man sieht zwei Frauen, Mutter und Tochter, jeweils mit einem Nudelholz bewaffnet, die hinter der Wohnungstür versteckt offensichtlich auf den Mann der Tochter warten, der vermutlich betrunken zu spät nach Hause kommen wird. Dabei sagt die eine zur anderen: „Es wird ihm doch hoffentlich nichts passiert sein!" Diese Ambivalenz von Wut und Angst, die wesenhaft hinter diesem Witz steckt, vermittelt das Leidvolle unserer Existenz insgesamt – ich habe ja schon früher gezeigt, dass zwischen Wut, Angst und Leid eine absolut dialektische Vermittlungsbeziehung besteht (s. 4.2). Dabei könnten wir doch viel glücklicher sein, wenn wir es mit unserer Existenz so halten könnten, wie manche Menschen mit einem Besuch von anderen, weil sie sich dabei immer zweimal freuen, einmal wenn der Besuch kommt, und einmal, wenn er geht. Warum haben wir nicht das Vertrauen, die vollkommene Liebe zu erreichen, bzw. warum können wir uns nicht genauso darüber freuen, dass wir irgendwann einmal aus diesem Leben scheiden werden, wie darüber, in die Welt gekommen zu sein, was wir ja z.B. an unserem Geburtstag feiern?

Dies ist sicherlich ein utopisches Ziel, genauso utopisch wie die vollkommene Liebe, und bei genauerer Betrachtung sind beide Ziele äquivalent. Wenn wir vollkommen lieben würden, wäre unsere Herkunft bedeutungslos, wir hätten also keine Wut mehr, wir würden alle zukünftigen Möglichkeiten hingeben, hätten also keine Angst mehr und insgesamt auch kein Leid, da Wut und Angst Leid vermitteln, und da wir unsere momentane Situation vollkommen annehmen würden, würden wir uns über unsere Existenz insgesamt freuen, insbesondere also über unsere Geworfenheit und über unsere Sterblichkeit. Wenn wir uns umgekehrt darüber einfach nur freuen könnten, hätten wir keine Wut mehr und auch keine Angst, also auch kein Leid, und wir könnten alle unsere zukünftigen Möglichkeiten hingeben, unsere Herkunft und Geworfenheit wäre bedeutungslos, und wir würden unseren Alltag dankbar annehmen, würden also insgesamt vollkommen lieben.

Von daher ist es ein vernünftiges Ziel, nicht nur für unsere gesamte Beziehung zu unserem In-der-Welt-Sein, um das es uns ja geht nach Heidegger (Heidegger, 2006a), sondern insbesondere auch für jede Psychotherapie, unsere Seele – das gilt gleichermaßen für Patient und Therapeut – dadurch immer mehr aufzuschließen, dass wir unsere Liebesfähigkeit immer mehr entwickeln.

Wenn in diesem Sinn beide etwas davon haben, wofür bekommt der Therapeut dann eigentlich sein Honorar? Eine bekannte Antwort auf diese Frage lautet: Das Honorar des Therapeuten ist zur Hälfte Schweige- und zur Hälfte Schmerzensgeld.

Ein letztes, allerdings entscheidendes Problem besteht nun darin, wie ein Patient – und auch der Therapeut – motiviert werden kann, seine Liebesfähigkeit immer mehr zu trainieren, was ja auch anstrengend ist, gegen die Angst, die vollkommene Liebe doch nie zu erreichen und auf ewig von ihr getrennt zu bleiben, so dass alles leidvoll und zwecklos erscheint. Einerseits besitzt der Begriff Liebe Anziehungskraft, und wenn man zeigen kann, dass Freiheit, ein ebenfalls positiv besetzter Begriff, eng mit Liebe zusammenhängt, dann ist damit eine starke Motivation gegeben, zumindest in unserer individualistisch geprägten Kultur. Den Zusammenhang zwischen Liebe und Freiheit kann man folgendermaßen aufzeigen: Einerseits hat schon Kant festgestellt (Kant, 1788), dass man die menschliche Freiheit weder beweisen noch widerlegen kann, dass aber eine Moralität, die auf dem kategorischen Imperativ fußt, Freiheit ermöglicht. Andererseits folgt aus meiner Daseinsanalyse und den Voraussetzungen, die ich dort gemacht habe, dass die Grundfrage der Ethik diejenige ist, wie man die Liebesfähigkeit steigern kann, sodass die Moralität Kants davon abhängig ist. Deswegen ist immer mehr Freiheit möglich, je weiter diese Fähigkeit entwickelt ist, und dies ist der Zusammenhang zwischen Freiheit und Liebe. Bei Donovan klingt dies in seinem Lied „Colours" in der letzten Strophe an, in der es heißt: „Freiheit ist ein Wort, welches ich selten benutze, ohne an die Zeit zu denken, als ich geliebt wurde." ("Freedom is a word that I seldom use without thinking of the time when I´ve been loved.")

In einer kollektivistischen Gesellschaft geht es mehr um Gleichheit als um Freiheit, und auch hier gilt, dass die Gleichheit umso vollkommener ist, je weiter die Liebesfähigkeit entwickelt ist. Ohne Liebe bzw. ohne ein ausreichendes Verständnis, von was Menschen ergriffen sind, kann Gleichheit nur auf mehr oder weniger großem Zwang beruhen, und dann ist die Gleichheit nicht besonders vollkommen, da sie instabil ist und manche sich mehr und andere weniger gezwungen fühlen. Mit dem Argument, dass durch die Entwicklung unserer Liebesfähigkeit immer mehr Freiheit und Gleichheit möglich sind, dürften sich alle Menschen motivieren lassen, (1) sich zu entschließen mit der entsprechenden Kraft, (2) sich anzustrengen mit der entsprechenden Disziplin und (3) das Risiko des Scheiterns einzugehen mit dem entsprechenden Mut, diese Fähigkeit immer weiter zu verbessern, um immer echter und unmittelbarer das Worumwillen von allem Sein zu verstehen.

Welche Voraussetzungen sind also nötig, was brauchen wir, um unsere Liebesfähigkeit immer weiter in Richtung vollkommener Liebe voranzutreiben? Nach Kant brauchen wir dazu die reflektierende Urteilskraft (Kant, Critik der Urteilskraft, 1799 (3. Auflage)). In meiner Terminologie geht es dabei um die Kraft, die Disziplin und den Mut (s.o.), den Kreis des klugen Denkens zu reflektieren und sich mit seinen Emotionen verantwortungsvoll und kritisch auseinanderzusetzen, und zwar (1) zum einen mit seinen Affekten und den dabei wahrgenommenen Gegensätzen, die so krass sein können, dass wir beides abspalten z.B. bei traumatischen Erlebnissen, (2) zum anderen mit seinen Empfindungen und der damit verbundenen Ergriffenheit, die als so unangenehm empfunden werden kann, dass wir beides abwehren, und (3) mit seinen Gefühlen und damit verbundenen Erwartungen, die so schlimm sein können, dass wir sie durch Aktionismus oder Lethargie zu bewältigen suchen. Dies sind die drei Arten der Verdrängung, wie sie in der psychoanalytischen Theorie beschrieben werden. Nach Kant bringt uns die reflektierende Urteilskraft von einem spezifischen Erlebnis zum Allgemeinen, was dem Ganzen wesentlich zugrunde liegt, bei mir von spezifischen Situationen zu den allgemeineren Emotionen, die uns aus dem uns Vertrauten herausbewegen (Emotion kommt von emovere, herausbewegen) und unserem Begegnen von Fremdem wesentlich zugrunde liegen.

Wichtige Werkzeuge (s.o.) sind die Entschlossenheit, sich auseinanderzusetzen, das Bemühen, neue Fähigkeiten und Fertigkeiten zu erlernen und diszipliniert zu üben, und die Risikobereitschaft, mutig-verantwortungsvoll die Bürde der jeweiligen Befindlichkeit zu tragen und zu ertragen bzw. verantwortungsvolle Toleranz oder mutige Offenheit anderen und sich selbst gegenüber aufzubringen (Kolb, 2017c, S. 172 f.). Da wir unsere Liebesfähigkeit niemals allein weiterentwickeln können – schon in der Kindheit brauchen wir dazu bedeutungsvolle Bezugspersonen, in der Regel die Eltern –, können wir diese Werkzeuge und ihren Gebrauch nur mit anderen zusammen erlernen. Eine besondere Stellung im Erwachsenenalter nimmt dabei die Ehe bzw. eine eheähnliche Partnerbeziehung ein. Zum einen gibt es da die Tendenz, die ursprüngliche Einheit, wie sie mit der Mutter bestand, wiederherzustellen, zum anderen ist die Partnerbeziehung zu zweit wesentlich intensiver als Beziehungen in einer größeren Gemeinschaft. Beides gilt übrigens auch für die therapeutische Beziehung, wobei hier ein Entwicklungsgefälle bestehen sollte, dass Psychotherapeuten ihre Liebesfähigkeit weiterentwickelt haben und so u.a. eine Vorbildfunktion ausüben.

Zum einen sollten Therapeuten entschlossen sein, ihre eigene Liebesfähigkeit und die ihrer Patienten immer weiter voranzubringen, zum andern sollten sie genug Selbstdisziplin haben, auftretende Konflikte immer wieder zu lösen und sich nicht in ineffektive Auseinandersetzungen verwickeln zu lassen – das entspricht dem psychoanalytischen Abstinenzgebot –, und zum dritten sollten sie für alle Regungen bei ihren Patienten und bei sich selbst tolerant und offen bleiben – das entspricht der von Freud so benannten freischwebenden Aufmerksamkeit.

Wenn in einer Partnerschaft ein Gefälle wie in einer therapeutischen Beziehung besteht, dann ist es zumindest anfänglich keine echte Partnerschaft, bis ein gewisser Gleichstand erreicht ist. Von da an geht es ebenfalls um die entschlossene Weiterentwicklung der beiderseitigen Liebesfähigkeit, um die stetige Konfliktlösung mit der entsprechenden Selbstdisziplin und um Toleranz und eine Offenheit, sich in manchen Situationen gegenseitig zu unterstützen, in anderen Situationen aber auch sich in Ruhe zu lassen.

Dass das Streben nach der vollkommenen Liebe vom Dasein bezeugt ist, dass wir auf dem Weg zur vollkommenen Liebe vorankommen können, und dass dies unser Dasein auch ab und zu wenigstens für kurze Zeit glücklich machen kann, besagt allerdings noch lange nicht, dass unser Streben am Ende tatsächlich damit belohnt wird, dass wir die vollkommene Liebe erreichen. Oder sollten wir diese Hoffnung auf Vollkommenheit ein für alle Mal hingeben? Sollte diese Forderung, dieser Anspruch (ist es „Der Anspruch der Vernunft" (Cavell, 2006)?) für uns einfach bedeutungslos werden? Sollen wir einfach nur dankbar sein für die kurzen Augenblicke, wenn wir eine schwache Ahnung von der vollkommenen Liebe bekommen? Passt hier vielleicht der Rat von Konfuzius, den Weg zum Ziel zu machen?

Wer einmal frei
vom großen Wahn
ins leere Aug`
der Sphinx geblickt,
vergisst den Ernst
des Irdischen
aus Überernst
und lächelt nur.

(Aus „Der Wissende" von Christian Morgenstern)

Anhang: Daseinsanalytische Strukturen

Da in der Psychotherapie das Augenmerk sich immer mehr auf die sogenannten strukturellen Störungen richtet, möchte ich an dieser Stelle die von mir verwendeten daseinsanalytischen Strukturen kurz darstellen. Detailliertere Beschreibungen oder Hinweise, in welchen Büchern der Literaturliste solche nachzulesen sind, befinden sich im Haupttext dieses Buches. Charakteristisch für meine Daseinsanalyse sind

1. die Struktur der Daseinsmodalitäten Genus, Individuum und Spezies kombiniert mit
2. der Struktur der Daseinsaspekte Psyche, Geist und Materie bzw. des psychisch-motivationalen, des geistig-idealistischen und des körperlich-materiellen Aspekts,
3. Wahrnehmungsstrukturen, nämlich Raum, Zeit und Rhythmik verknüpft mit
4. den Daseinsstrukturen Räumlichkeit, Zeitlichkeit und Wirklichkeit, die entsprechend auffordern, (1) sich einzulassen, mit anderen auszukommen, um brauchbare Auskunft zu erhalten, (2) sich in die drei zeitlichen Ekstasen Herkunft, Zukunft und Ankunft zu versetzen, und (3) lebendig zu sein,
5. eine Gedächtnisstruktur, die das emotionale Gedächtnis mit dem Affektgedächtnis, dem Empfindungsgedächtnis und dem Gefühlsgedächtnis unterscheidet vom biografischen Gedächtnis mit dem Handlungs-/Wirkungsgedächtnis, dem Bedingungs-/Begriffsgedächtnis und dem Möglichkeits-/Planungsgedächtnis.

In einer kreisförmigen Gesamtstruktur all dieser Strukturen (Kolb, 2017c, S. 235 ff., Schaubilder und Tabellen) können dann die verschiedensten Phänomene beschrieben werden, die wiederum die

Gesamt- und alle ihre Teilstrukturen beeinflussen und verändern können. Jede Entwicklung kommt durch Bewegungen auf dem Kreis der Gesamtstruktur zustande, wobei die Bewegungsrichtung auf dem Kreis ständig wechseln kann. Dies unterstreicht die Unverfügbarkeit bzw. Freiheit unseres Daseins mit folgenden drei Freiheiten bzw. Unverfügbarkeiten: (1) die eigene individuelle Entscheidungsfreiheit, (2) die spezifische Unverfügbarkeit darüber, was uns begegnet und (3) die allgemeine Freiheit des gemeinsamen Austauschs mit anderen.

Die Teilstruktiuren 1 bis 4 und die des emotionalen und biografischen Gedächtnisses unter 5 haben gemeinsam, dass ihre drei Elemente sich in einem absolut dialektischen Verhältnis befinden, d.h. eines vermittelt zwischen den beiden anderen und diese beiden das eine. Dadurch hat kein Element einen Vorrang vor den anderen, und alle Elemente sind nicht-substantiell. Die jeweilige Struktur, das Allgemeine, die einzelnen Elemente, das Individuelle, und das Gesamt aller Wechselbeziehungen, das Spezifische, befinden sich ebenfalls in einem absolut dialektischen Verhältnis. In diesem Sinne ist die Struktur unseres Daseins absolut dialektisch.

Die Entwicklung vollzieht sich anfänglich nacheinander auf fünf hierarchisch abgestuften Ebenen, wobei die nächste Ebene erst erreichbar ist, wenn die Entwicklung auf der bisher höchsten Ebene einen bestimmten Reifegrad erreicht hat. Dabei kann die Entwicklung auf jeder erreichten Ebene parallel zu der aller anderen Ebenen weitergehen, braucht also niemals aufzuhören. Die fünf Ebenen in ihrer Reihenfolge bzw. Hierarchie sind die Ebene

1. des physischen Selbst mit der körperlich-materiellen Verankerung durch den Gegensatz aktiv-passiv, der psychisch-motivationalen Verankerung durch den Affekt der Faszination, die Empfindung der Freude und das Gefühl des Spaßes, der geistig-idealistischen Verankerung durch

die dianoetische Tugend des Verstands (grundlegende Prinzipien begreifen) und der alltagssprachlichen Bedeutung des Geschmackssinns (Geschmack an etwas finden und aktiv werden oder passiv genießen) – insgesamt wird dabei immer mehr die Bedeutung des ethischen Prinzips der Leidminderung begriffen,

2. des sozialen Selbst mit der körperlich-materiellen Verankerung durch den Gegensatz subjektiv-objektiv, der psychisch-motivationalen Verankerung durch den Affekt der Aggression/des Widerwillens, die Empfindung der Wut/des Ekels und das Gefühl des Zorns/der Abscheu, der geistig-idealistischen Verankerung durch die dianoetische Tugend der Wissenschaft (Wenn-Dann-Regeln) und der alltagssprachlichen Bedeutung des Geruchssinns (das Objektive stinkt einem subjektiv) – insgesamt wird dabei immer mehr die Bedeutung des ethischen Prinzips der Fairness begriffen,

3. des teleologischen Selbst mit der körperlich-materiellen Verankerung durch den Gegensatz diskontinuierlich/sprunghaft-kontinuierlich/stetig, der psychisch-motivationalen Verankerung durch den Affekt des Schrecks, die Empfindung der Angst und das Gefühl der Furcht, der geistig-idealistischen Verankerung durch die dianoetische Tugend der Kunstfertigkeit (Aufbau komplexer Aktivitätsreihen, z.B. Laufen) und der alltagssprachlichen Bedeutung des Tastsinns (sich vorsichtig herantasten) – insgesamt wird dabei immer mehr die Bedeutung des ethischen Prinzips der angemessenen Rangordnung begriffen (man profitiert von geschickteren Höherstehenden),

4. des intentionalen Selbst mit der körperlich-materiellen Verankerung durch den Gegensatz linear-zirkulär, der psychisch-motivationalen Verankerung durch den Affekt des Schmerzes, die Empfindung des Leides und das Gefühl der Trauer, der geistig-idealistischen Verankerung durch

die dianoetische Tugend der Klugheit (kluge Ansichten gewinnen, um seine Absichten zu erreichen) und der alltagssprachlichen Bedeutung des Gehörsinns (wer nicht hören
will, muss fühlen, Wehlaut) – insgesamt wird dabei immer
mehr die Bedeutung des ethischen Prinzips der Loyalität
und Treue begriffen, indem man sich gegenseitig hilft, die
Absichten von jedem zu erreichen,

5. des repräsentationalen Selbst mit der körperlich-materiellen Verankerung durch den Gegensatz zeitlich-räumlich,
der psychisch-motivationalen Verankerung durch den Affekt des Entsetzens, die Empfindung der Enttäu-
schung/Scham und das Gefühl der Entrüstung/Schuld, der
geistig-idealistischen Verankerung durch die dianoetische
Tugend der Weisheit (sinnvoll und verantwortungsvoll
handeln) und der alltagssprachlichen Bedeutung des Ge-
sichtssinns (Einsicht, Rücksicht, Vorsicht, Aussicht, Umsicht) – insgesamt wird dabei immer mehr die Bedeutung
des ethischen Prinzips der Reinhaltung von Beziehungen
begriffen (möglichst nichts persönlich übelnehmen, Feh-
ler zugeben, bereuen, möglichst wiedergutmachen und
versprechen, daraus zu lernen, auch allgemein Versprechen geben und halten).

Ab der Pubertät kommt es zur Entwicklung des geschlechtlichen
Selbst mit der körperlich-materiellen Verankerung durch den Gegensatz männlich-weiblich, der psychisch-motivationalen Verankerung durch den Affekt der Begeisterung, die Empfindung der Sorge
und das Gefühl der Leidenschaft, der geistig-idealistischen Verankerung durch Wertschätzung und der alltagssprachlichen Bedeutung des Gemeinsinns bzw. des sog. dritten Auges. Bei dieser Entwicklungsebene werden idealerweise die bisherigen fünf ethischen
Prinzipien zusammengefasst bzw. auf einer gemeinsamen Ebene
integriert, denn bleiben diese Prinzipien getrennt, dann kommt es
zu verhängnisvollen Wiederholungen derselben Fehlentwicklungen

als einer Abkehr von sich selbst aufgrund von Übertreibungen und/oder Vernachlässigungen bestimmter ethischer Prinzipien. Wenn man das Prinzip der Fairness übertreibt, kann es zu Leidvermehrung kommen, übertreibt man das Prinzip der Rangordnung kann es zu unfairen Intrigen kommen, übertreibt man die Treue gegenüber bestimmten Personen, kann man die Verdienste von anderen vergessen und eine angemessene Rangordnung zerstören, wenn man bestimmten Personen zu sehr entgegenkommt, um die Beziehung zu pflegen, kann man andere misstrauisch machen, sodass Loyalitäten geschwächt werden. Im schlimmsten Fall können alle fünf ethischen Prinzipien ihre Bedeutung in der Gemeinschaft verlieren, sodass großes Leid entsteht und die Entwicklung mit dem ethischen Prinzip der Leidminderung von vorne beginnt.

Mit immer mehr Lebenserfahrung kommt es zu einer letzten Entwicklungsstufe, nämlich der des gesellschaftlichen Selbst (Kolb, 2017a, S. 149 ff., 4. Kapitel), in der man immer mehr den Wert und den Sinn des Lebens erkennt und dadurch umso konsequenter nach dem ultimativen Ziel eines geglückten Lebens strebt, wie Aristoteles es bezeichnet hat, oder nach dem utopischen Ziel der vollkommenen Liebe, wie ich es genannt habe, indem man immer mehr auch andere bei ihrer Entwicklung ihrer Liebesfähigkeit unterstützt und den Weg frei macht. Dadurch, dass man sich selbst dabei immer mehr zeigt und als Beispiel präsentiert, überwindet man immer mehr den Gegensatz öffentlich-privat und wird sich immer mehr der Verbundenheit mit allem und jedem bewusst.

Während der gesamten Entwicklung begreifen wir immer mehr die verschiedenen Gegensätze, d.h. unter dem psychisch-motivationalen Aspekt werden wir immer mehr gedrängt, uns damit auseinanderzusetzen, ob wir aktiv oder passiv mit ihnen umgehen sollen, subjektiv uns selbst in den Vordergrund stellen sollen oder objektive Belange der Welt, ob wir mehr auf Kontinuität achten o-

der mehr Abwechslung bevorzugen sollen, ob wir möglichst geradlinig unsere Ziele anstreben oder hartnäckig es immer wieder probieren sollen, ob wir uns und der Welt vor allem Raum geben oder
mehr auf die Zeit achten und alles möglichst schnell erledigen sollen, ob wir mehr nach dem sogenannten weiblichen Prinzip handeln sollen, dass wir erst für andere sorgen, bevor wir uns um unsere eigenen Belange kümmern, oder nach dem sogenannten
männlichen Prinzip, dass wir uns erst selbst konsolidieren sollen,
bevor wir anderen helfen. Auf diese Weise entsteht im psychisch-
motivationalen Bereich bzw. in unserer Seele eine „Gegensatzstruktur", wie dies z.B. in der Analytischen Psychologie genannt
wird (Jacobi, 1992, S. 58). Gleichzeitig geht es bei der Entwicklung
um die Auflösung bzw. die Überwindung dieser Gegensatzstruktur
bzw. dieser Gegensätze im Umgang mit der Realität, was allerdings
vollständig erst in der Utopie der vollkommenen Liebe gelingen
würde.

Hier nun beispielhaft eine daseinsanalytische Beschreibung der psychotherapeutisch interessanten Phänomene „Selbst",
„Ich" und „Person" und deren Strukturen, die sich aus meiner Daseinsanalyse ergeben: Bei Heidegger ist das Phänomen des Selbst
in der Sorge enthalten (Heidegger, 2006a), bei mir in Ergriffenheit,
Erwartung und Täuschung (Kolb, 2017a), d.h. die drei Daseinsaspekte Psyche, Geist und Materie öffnen den Blick auf das Selbst.
Auf den verschiedenen Entwicklungsebenen wird uns und anderen
unser Selbst immer mehr erschlossen und damit erkennbar, wenn
auch nicht immer erkannt, was u.a. daran liegt, dass wir verdrängen. Erschlossenes wird nur bei entsprechendem Interesse erkannt, denn man muss sich anstrengen, es zu entdecken. Dem
Selbst gegenüber steht das Phänomen des Ich oder des Egos, welches sich nach Heidegger oft lautstark meldet (Heidegger, 2006a),
welches sich selbst und unser Selbst im Laufe der Entwicklung immer mehr erkennen kann, was sich aber auch immer wieder irren

kann. Unsere Person ist der Gesamteindruck von dem, was für uns oder andere durch unsere Hülle aller Repräsentationen bzw. durch alle unsere Äußerungen hindurchklingt, sodass wir oder die anderen es für unser Selbst halten. Dabei sind Irrtümer niemals ausgeschlossen. In der Utopie der vollkommenen Liebe wären Ich, Person und Selbst dasselbe und vollkommen erkannt als unser eigentliches Selbst, „ein Phänomen in einem ausgezeichneten Sinn" (Heidegger, 2006a, S. 35), nämlich „solches, was sich zunächst und zumeist gerade *nicht* zeigt, was gegenüber dem, was sich zunächst und zumeist zeigt [z.B. das Phänomen des Ich] *verborgen* ist, aber zugleich etwas ist, was wesenhaft zu dem, was sich zunächst und zumeist zeigt, gehört, so zwar, dass es seinen Sinn und Grund ausmacht" (ebenda). Unser eigentliches Selbst ist genau genommen kein Phänomen, es ist etwas Absolutes, also Losgelöstes, das in unserer relativen Welt nicht sein kann, genauso wenig wie die vollkommene Liebe, aber wir können uns beidem immer mehr nähern, immer vollkommener lieben, ohne je vollkommen zu lieben, immer vollkommener selbst sein, ohne je vollkommen selbst zu sein.

Unter dem Aspekt des Psychisch-Motivationalen zeigen sich Selbst, Ich und Person im Modus des Genus jeweils als psychisches Subjekt mit den Funktionen des Begreifens und Differenzierens von Bedingtheiten, wobei es gilt, Täuschungen möglichst zu vermeiden. Dabei werden Selbst, Ich und Person in ihrer Entwicklung idealerweise immer besser und klarer identifiziert hinsichtlich ihrer jeweiligen Bedingtheiten. Unter demselben Aspekt, aber im Modus des Individuums als Objekt der Psyche bzw. im Zusammenhang mit einer durch das Identifizieren bedingten Ergriffenheit werden die begriffenen Bedingtheiten u.U. auch mit früher Begriffenem integriert und Selbst, Ich und Person unter diesem Aspekt bewertet.

Unter dem Aspekt des Geistig-Idealen werden Selbst, Ich und Person im Modus des Individuums jeweils als geistiges Subjekt sichtbar mit den Funktionen des Planens und Entscheidens, wobei es gilt, die verschiedenen Möglichkeiten des Seinkönnens zu <u>differenzieren</u> und die beste zu <u>identifizieren</u>, damit die beim Planen und Entscheiden gebildeten Erwartungen möglichst nicht enttäuscht und die Spannungen aufgrund der jeweiligen Ergriffenheit <u>reguliert</u> werden. Hinsichtlich ihrer theoretischen Möglichkeiten werden dabei auch Selbst, Ich und Person identifiziert. Unter demselben Aspekt, aber im Modus der Spezies als Objekt des Geistes bzw. beim praktischen Umsetzen der Entscheidungen werden die betreffenden Möglichkeiten des Seinkönnens bzw. die konkreten Pläne praktisch <u>bewertet</u> hinsichtlich ihrer Durchführbarkeit und damit auch Selbst, Ich und Person in Bezug auf Planungs- und Entscheidungsfähigkeiten.

Unter dem Aspekt des Körperlich-Materiellen erkennt man Selbst, Ich und Person im Modus der Spezies jeweils als körperliches Subjekt mit den Funktionen des praktischen Handelns und Ausführens von Plänen, wobei es gilt, die eigenen Fähigkeiten und Fertigkeiten zu <u>differenzieren</u> und die nötigen möglichst angemessen zu <u>identifizieren</u> und optimal einzusetzen, damit die Ausführungen und <u>Regulierungen</u> gelingen. In dieser Hinsicht werden auch Selbst, Ich und Person identifiziert. Unter demselben Aspekt, aber im Modus des Genus als Objekt der Materie bzw. beim Wahrnehmen des Handlungsfortschritts und schließlich des gesamten Ergebnisses werden die eigenen Fähigkeiten und Fertigkeiten <u>bewertet</u>. Anschließend wird der gesamte Zusammenhang von vorausgehendem Wahrnehmen/Differenzieren, Begreifen/Integrieren und Entscheiden/Regulieren, sowie von Ergriffenheit, Erwartungen und der Grad der Erfüllung bzw. Täuschung identifiziert und bewertet, teils theoretisch, teils praktisch, teils konstruierend bzw. destruierend, u. U. mit anderen zusammen und/oder für sich allein. Auf diese Weise entsteht jeweils ein Gesamtbild bzw. die jeweilige Identität sowie eine Gesamtbewertung von Selbst, Ich und Person.

Als Subjekt organisiert sich das Dasein selbst, (1) es differenziert und grenzt sich hinsichtlich seiner Bedingtheit bzw. Herkunft ab, (2) es bestimmt sich und entscheidet zwischen verschiedenen Möglichkeiten des Seinkönnens und (3) bemüht sich im Handeln um einen einheitlichen Aus- und Eindruck, um Konsistenz sich selbst gegenüber und um Kontinuität gegenüber anderen. Als Objekt dagegen reguliert es sich, bemüht sich (1) um kommunikative Solidarität mit anderen, (2) um ein möglichst ganzheitliches Selbstverständnis seines Daseins und (3) um möglichst viel Autonomie und Effektivität im Handeln, sowohl körperlich, als auch psychisch-motivational (nicht von etwas ihm Wesensfremden oder Unerreichbarem ergriffen zu sein) als auch geistig (keine falschen oder illusorischen Erwartungen). In der vollkommenen Liebe wären kommunikative Solidarität, ganzheitliches Selbstverständnis und Autonomie/Effektivität absolut vollkommen. Abgrenzung, Selbstbestimmung und einheitlicher Aus- bzw. Eindruck wären absolut bedeutungslos.

Literaturverzeichnis

Al-Khalili, J., & McFadden, J. (2015). *Der Quantenbeat des Lebens. Wie Quantenbiologie die Welt neu erklärt.* Berlin: Ullstein Buchverlage GmbH.

Arendt, H. (1967). *Vita activa oder Vom tätigen Leben.* München: Piper Verlag GmbH.

Aristoteles. (1985). *Philosophische Bibliothek, Bd. 5, Nikomachische Ethik.* (G. Bien, Hrsg.) Hamburg: Felix Meiner Verlag.

Balint, M. (1988). *Die Urformen der Liebe.* München: dtv/Klett-Cotta.

Cavell, S. (2006). *Der Anspruch der Vernunft. Wittgenstein, Skeptizismus, Moral und Tragödie.* Frankfurt am Main: Suhrkamp Verlag.

Dreyfus, H., & Taylor, C. (2016). *Die Wiedergewinnung des Realismus.* Berlin: Suhrkamp Verlag.

Fonagy, P., Gergely, G., Jurist, E. L., & Target, M. (2008). *Affektregulierung, Mentalisierung und die Entwicklung des Selbst.* Stuttgart: Klett-Cotta.

Freud, S. (1975). Jenseits des Lustprinzips. In S. Freud, *Studienausgabe, Band III: Psychologie des Unbewussten* (S. 213 - 272). Frankfurt am Main: Fischer.

Hartmann, D. (1998). *Philosophische Grundlagen der Psychologie.* Darmstadt: Wissenschaftliche Buchgesellschaft.

Heidegger, M. (2006a). *Sein und Zeit.* Tübingen: Max Niemeyer Verlag.

Heidegger, M. (2006b). *Zollikoner Seminare.* (M. Boss, Hrsg.) Frankfurt am Main: Vittorio Klostermann GmbH.

Heidegger, M. (2010). *Über den Humanismus.* Frankfurt am Main: Vittorio Klostermann GmbH.

Holzhey-Kunz, A. (2014). *Daseinsanalyse. Der existenzphilosophische Blick auf seelisches Leiden und seine Therapie.* Wien: Facultas Verlags- und Buchhandels AG.

Hoyningen-Huene, P. (1989). *Die Wissenschaftsphilosophie Thomas S. Kuhns.* Braunschweig: Friedrich Vieweg & Sohn Verlagsgesellschaft mbH.

Jacobi, J. (1992). *Die Psychologie von C. G. Jung (1940)*. Frankfurt a. M.: Fischer Taschenbuch Verlag.

Kant, I. (1781 (A), zweite Auflage 1787 (B)). *Critik der reinen Vernunft*. Riga: Johann Friedrich Hartknoch.

Kant, I. (1785 (A), zweite Auflage 1786 (B)). *Grundlegung zur Metaphysik der Sitten*. Riga: Johann Friedrich Hartknoch.

Kant, I. (1788). *Critik der praktischen Vernunft*. Riga: Johann Friedrich Hartknoch.

Kant, I. (1799 (3. Auflage)). *Critik der Urteilskraft*. Berlin: F.T. Lagarde.

Kolb, H.-P. (10. 01. 2011). *Gedanken zu "Sein und Zeit"*. Von Wikiversity, Fachbereich Philosophie: https://de.wikiversity.org/wiki/Gedanken_zu_%22Sein_un d_Zeit%22 abgerufen

Kolb, H.-P. (24. 01. 2012). *Die Philosophie der Kyôto-Schule*. Von Wikiversity, Fachbereich Philosophie: https://de.wikiversity.org/wiki/Die_Philosophie_der_Ky% C3%B4to-Schule abgerufen

Kolb, H.-P. (27. 06. 2012). *Gedanken zu Stanley Cavells "Der Anspruch der Vernunft"*. Von Wikiversity, Fachbereich Philosophie: https://de.wikiversity.org/wiki/Gedanken_zu_Stanley_Cav ells_%22Der_Anspruch_der_Vernunft%22 abgerufen

Kolb, H.-P. (2018a (überarbeitete Fassung)). *Dasein, um zu lieben. Daseinsanalytische Grundlagen für Psychologie und Psychotherapie*. Norderstedt: BoD - Books on Demand.

Kolb, H.-P. (2018b (überarbeitete Fassung)). *Rhythmus, Intuition und Liebe. Die Rolle der Körperlichkeit bei der Daseinsanalyse*. Norderstedt: BoD - Books on Demand.

Kolb, H.-P. (2018c (überarbeitete Fassung)). *Liebe, Macht und Sexualität. Wie können wir in diesem Spannungsfeld glücklich werden?* Norderstedt: BoD - Books on Demand.

Kolb, H.-P. (2018d (überarbeitete Fassung)). *Religion, Ökumene und Liebe. Daseinsanalytische Religionsphilosophie*. Norderstedt: BoD - Books on Demand.

Kolb, H.-P. (2018e (überarbeitete Fassung)). *Natur und Liebe. Eine teleologische Konzeption der Konstitution und Entwicklung der Natur.* Norderstedt: BoD - Books on Demand.

Kolb, H.-P. (2018f (überarbeitete Fassung)). *Liebe und Resonanz. Daseinsanalytische Betrachtungen im Zusammenhang mit Themen der Weltbeziehungen.* Norderstedt: BoD - Books on Demand.

McClelland, D. C. (2006). The Harlequin Complex. In R. W. White, *The Study of Lives: Essays on Personality in Honor of Henry A. Murray* (S. 94 - 119). New Brunswick (U.S.A.) and London (U.K.): Aldine Transaction, A Division of Transaction Publishers.

Metzinger, T. (2014). *Der Ego-Tunnel. Eine neue Philosophie des Selbst: Von der Hirnforschung zur Bewusstseinsethik.* München: Piper Verlag GmbH.

Nagel, T. (2016). *Geist und Kosmos: Warum die materialistische neodarwinistische Konzeption der Natur so gut wie sicher falsch ist.* Berlin: Suhrkamp Taschenbuch.

Naumann, B. (Hrsg.). (2005). *Rhythmus. Spuren eines Wechselspiels in Künsten und Wissenschaften.* Würzburg: Königshausen & Neumann.

Nishida, K. (2011). Selbstidentität und Kontinuität der Welt. In R. Ohashi (Hrsg.), *Die Philosophie der Kyôto-Schule* (E. Weinmayr, Übers., S. 56 - 114). Freiburg im Breisgau: Verlag Karl Alber in der Verlag Herder GmbH.

Nishitani, K. (2011). Vom Wesen der Begegnung. In R. Ohashi (Hrsg.), *Die Philosophie der Kyôto-Schule* (K. Nishitani, & H. Buchner, Übers., S. 242 - 257). Freiburg im Breisgau: Verlag Karl Alber in der Verlag Herder GmbH.

Ohashi, R. (Hrsg.). (2011). *Die Philosophie der Kyôto-Schule.* Freiburg im Breisgau: Verlag Karl Alber in der Verlag Herder GmbH.

Rentsch, T. (1999). *Die Konstitution der Moralität: transzendentale Anthropologie und praktische Philosophie.* Frankfurt am Main: Suhrkamp-Taschenbuch Wissenschaft.

Rentsch, T. (Hrsg.). (2007). *Martin Heidegger – Sein und Zeit.* Berlin: Akademie Verlag GmbH.

Sartre, P. (1993). *Das Sein und das Nichts.* Hamburg: Rowohlt Taschenbuch.

Schmitz, H. (2011). *Der Leib.* Berlin/Boston: de Gruyter.

Staemmler, F.-M. (2015). *Das dialogische Selbst. Postmodernes Menschenbild und psychotherapeutische Praxis.* Stuttgart, Germany: Schattauer GmbH.

Tanabe, H. (2011). Versuch, die Bedeutung der Logik der Spezies zu klären. In R. Ohashi (Hrsg.), *Die Philosophie der Kyôto-Schule* (J. Laube, Übers., S. 137 - 183). Freiburg im Breisgau: Verlag Karl Alber in der Verlag Herder GmbH.

Ueda, S. (2011). Das absolute Nichts im Zen, bei Eckhart und bei Nietzsche. In R. Ohashi (Hrsg.), *Die Philosophie der Kyôto-Schule* (S. Thumfart (zweiter und dritter Teil), Übers., S. 440 - 468). Freiburg im Breisgau: Verlag Karl Alber in der Verlag Herder GmbH.

Wittgenstein, L. (2001). *Philosophische Untersuchungen; Kritisch-genetische Edition.* (J. Schulte, Hrsg.) Frankfurt am Main: Suhrkamp Verlag.